[美] 托德 · 戴维斯 Todd Davis 著

影响力进阶

在职场建立有效关系的15种实证实践

GET BETTER

15 PROVEN PRACTICES TO BUILD EFFECTIVE RELATIONSHIPS AT WORK

中国青年出版社

图书在版编目（CIP）数据

影响力进阶：在职场建立有效关系的15种实证实践 /（美）托德·戴维斯著；
杨颖玥译. —北京：中国青年出版社，2023.9
书名原文: Get Better: 15 Proven Practices to Build Effective Relationships at Work
ISBN 978-7-5153-7013-2

Ⅰ.①影… Ⅱ.①托… ②杨… Ⅲ.①人际关系—通俗读物 Ⅳ.①C912.11-49

中国国家版本馆CIP数据核字（2023）第157232号

影响力进阶：
在职场建立有效关系的15种实证实践

作　　者：［美］托德·戴维斯
译　　者：杨颖玥
责任编辑：肖　佳
文字编辑：步欣旻
美术编辑：佟雪莹
出　　版：中国青年出版社
发　　行：北京中青文文化传媒有限公司
电　　话：010-65511272 / 65516873
公司网址：www.cyb.com.cn
购书网址：zqwts.tmall.com
印　　刷：大厂回族自治县益利印刷有限公司
版　　次：2023年9月第1版
印　　次：2023年9月第1次印刷
开　　本：787mm × 1092mm　　1/16
字　　数：177千字
印　　张：15.5
京权图字：01-2017-7433
书　　号：ISBN 978-7-5153-7013-2
定　　价：49.90元

目录

序言一

关系是一种力量

富兰克林柯维公司董事长、首席执行官
鲍勃·惠特曼

富兰克林柯维是一家致力于帮助组织提升绩效的全球性公司。我们帮助组织通过改变员工的行为来实现组织的目标。那么改变行为有多困难呢？想想改变你自己的态度和行为有多么不容易，更别说改变别人的行为，或者很多人的行为了！

托德·戴维斯在本书中强有力地证明了：提高效能、改善关系和结果的关键是从让我们自身变得更好，我们首先要做的就是改进我们自己的思维定式和行为。当我们这么做时，我们就提高了自己影响周围其他人的能力，从我们个人和职业生活中的重要关系开始。

为什么要把提高我们在建立关键关系上的效能放在首位？因为关系是一种力量，我们以关键关系为基石建立了我们工作和个人生活的文化。这个文化，最后反过来推动其他。当我们在工作和个人生活中的关键关系深厚有效时，一切都会变得更好，变得更有成效，更有意义。

想想看，没有良好的客户关系，你的业务会怎样？它们会变慢或止步不前。没有良好的员工关系，会发生什么？冲突爆发，生产力崩溃。如果没有良好的人际关系，会发生什么？你的整个生活都不那么快乐和充实。

大多数组织都喜欢说："人是我们最大的资产。"虽然托德坚信，人确实是任何组织最重要的资产，但他更进一步，提到"不仅是人，人与人之间关系的本质，也是真正确立我们竞争优势的因素"。

这一点确实如此。不久之前，富兰克林柯维完成了一项详尽的研究，研究了一千多家公司中成千上万的生产单位所取得的成果。研究显示，业绩最高的单位取得的成果与那些业绩不佳的部门取得的结果之间，差异巨大。而形成这个巨大差异的根本因素，就是公司与客户和员工的关系质量。以客户忠诚度和员工敬业度来衡量，那些与客户和员工有最佳、最有效关系的部门，其表现远远好于那些与客户、员工关系一般的部门。

富兰克林柯维已经创立了几十年了，它创立的理念是：伟大的组织建立在与所有关键利益相关者良好关系的基础之上。公司从获奖作品《高效能人士的七个习惯》的出版开始，继续推出畅销书《信任的速度》《高效能人士的执行四原则》和《激发个人效能的五个选择》，通过世界一流的内容、见解和培训，专注于释放人的潜能。在每个大陆的每一个国家，你都会在企业领导者的书架上发现富兰克林柯维的作品。

托德在人际关系这个领域有着令人钦佩的智慧。作为富兰克林柯维公司（一家致力于实现持久行为改变的公司）长期的首席人力资源官，他在人际关系和持续改进这两个主题上一直是卓越的指路人。在个人和组织效能的普遍原则这一议题，他是我们重要的发言人。除此之外，他本人就是一个活生生的例子，告诉了我们该如何践行这些原则。

本书中，托德描述了我们许多人会遇到的一些最常见的绊脚石：把我们的问题归咎于他人，把注意力放在紧急但不重要的事情上，在我们还不理解问题之前仓促使用一个解决方案，等等。他用他的智慧提供了一些简单而实用的方法，来扫清这些建立有效关系的绊脚石，让我们在做任何事情时都能做得更好。

在很多方面，托德已经证明了，关系的力量是我们最重要的资产。我们之间的关系不仅是我们成功的手段，也是我们成功最长久的回报。

富兰克林柯维最重要的目标和最核心价值观之一是成为优秀人才的首选工作场所。作为首席执行官，我依靠托德的智慧和经验来吸引和留住最好的人才。我对他作为顾问和教练对我们数千名员工的敏锐指导能力感到惊叹。

倾听托德的智慧，一直以来都让我受益匪浅，同时现在还有机会阅读他充满智慧的作品，我的内心感到无比喜悦。我相信这对你来说也是一样的。

序言二

营造更加融洽的工作环境

富兰克林柯维新加坡及大中华区总裁
陈俐同

许多人都无法选择自己的工作伙伴。然而，在日常工作中与我们紧密互动的人，却对我们的工作前景具有极大的影响，不仅如此，他们还会对我们的心情产生积极或者消极的作用。在营造员工所希望的高绩效、敬业和创造性文化氛围的过程中，打造并培养一种关系融洽的工作环境至关重要。

我们一生中有大量时间在工作中度过，而营造融洽的工作关系毫无疑问会增强组织的竞争优势，帮助组织吸引和保留优秀员工，同时提升员工的敬业度、创造力和工作效率。因此，与他人或团队进行高效合作，已经成为职场中最重要的技能之一。

当今这个复杂多变的世界，为我们带来了诸多意外的挑战，这些挑战可以随时把毫无防备的我们击溃。为了更好地应对不确定的挑战，成功的领导者们知道，重视团队成员间高效积极的合作关系才能给团队带来彻底的转变，取得更好的成果。事实上，无数的研究表明，生活和和工作中的融洽关系是我们能够从容面对不可预知时代的可控关键因素。

那么，我们应该如何在组织中营造融洽的关系呢？

托德·戴维斯在他的这部著作中向我们证明，提高效能、增进关系和改善成果的关键是从让我们自身变得更加优秀开始，而我们优先要做的就是改进我们自己的思维和行为。在本书中，你将学习和了解到15种行之有效的实践方法，无论你是组织中最具影响力的领导者还是个人贡献者，它们都可以帮助你运用这些方法来掌控自己的工作，提高与他人互动的质量，以及掌握构建高效能关系的技能，让个人和团队变得更好。

托德利用他30多年来观察、领导和辅导他人方面所积累的丰富经验，为我们带来了许多真实可参考的故事分享以及能够产生共鸣的生活体验。他在书中描述了能够对个人职业生涯和组织业绩成果带来负面影响的最常见的关系陷阱。

托德非常及时地提醒了我们，尽管组织中最宝贵的资产是自己的员工，但他认为，员工之间的关系才是个人和职业效能的最佳预测指标，而最终，员工构建和保持融洽关系的能力是组织的终极竞争优势。

在你翻阅本书时，我相信这15种行之有效的实践方法毫无疑问地会对你有所帮助，并提升你在职业和个人生活中构建关键关系的成效。

前言

有效的关系才能产生有效的结果

哲学家让-保罗·萨特戏剧《禁闭》有一个著名的结论是“他人，即地狱”。剧情设置是，三个人在死后发现他们的灵魂处于一个没有门窗没有镜子的单人房。除了意识到他们永远无法逃离那里，他们还意识到他们处在一个彼此折磨与激怒的关系中。萨特发现，人际关系对一个人的幸福至关重要，当人际关系变坏的时候，就会感觉像生活在地狱里一样。多年来，我听到过许多类似的观点，因为我在世界上最以人为本的组织之一中担任首席人力资源官。当人们在工作中感到彼此脱节、被剥夺权利，或对工作感到失望时，这种感觉往往与他们一起工作的人分不开：他们的老板、团队成员、同事，甚至是他们的直接下属。因此，我在写作这本书时，围绕着一个简单而有力的前提：在我们的个人生活和职业生活中，人际关系的质量是我们成功和高效的核心。

的确有证据表明人际关系的质量对我们有多重要。《哈佛格兰特研究》的一项报告中，研究人员罗伯特·瓦尔丁格博士提出："那些被过多孤立的人发现他们不太开心，他们的健康在中年早期就会下降，他们的大脑功能下降得比常人更快，他们的寿命也较短……"另外，最近谷歌的深入分析发现，高质量的人际关系是成功团队的核心。

你可能听过这样的名言：一个组织最大的资产是它的员工。我想更进一步分享一下，根据我以往的经验，成为一个组织的最终竞争优势的是终究是那些创造组织文化的员工之间的关系。换句话说，在个人和组织层面上，人际关系是重要的；当我们专注于改善人际关系的时候，我们会发现身边所有的事情都会变得更好。但我们也会受一些旧习惯和偏见的影响。当我们发现自己被困在如萨特的戏剧所隐喻的处境中，并被那些我们无法认同的人包围着，或面对那些只是用错误的方式冒犯我们的人时，我们的第一反应往往是用手指指向他们。这是他们的错：要是我的老板更了解我，或者我的同事更尊重我，或者我的伴侣懂得倾听，那该多好。这就是萨特的地狱，在这里，我们认定自己是受害者，而不是为自己负责，还诋毁和责备他人。并且，如果我们不是选择放弃，向命运投降，那么我们的下一种本能通常就是寻找逃离的路径。这可能意味着离开一个团队，一个公司，甚至是一段婚姻。有一种强烈的让人难以抗拒的诱惑，就是去寻找外部的改变来让事情重新好起来。毕竟，一个新的更好的房间（和更明理的人）就在隔壁！但我们去了之后会发生什么呢？我们经常发现自己在一个新的房间里，有一些新人和我们平时认识的人一样带着固有的一些缺陷——而我们现在必须学会与他们相处。我们独自穿梭于一个个房间的一个人，受我们原来的思想所限，被长长久久地困住，无路可逃。是的，这就是地狱的感觉。

但是，我们有一个可以脱身的办法。

我们可以换一种新的思维定式。作为在富兰克林柯维公司负责我们公司文化的高管之一，我有一个独特的机会亲身体验这一点。在许多公司中，我的职责是监督公司福利、薪酬、合规性、培训以及其他传统的人力资源职能——这些都是与人打交道的事情。虽然这些都很重要，但当我们注重人与人之间的关系——我们能更好地理解和改善人际关系的本质时，我们就能做出更有价值的贡献。这就是首席人力资源官这个头衔里“人力”的真正含义。

当我第一次担任这个角色的时候，内心清晰地有一种强烈感觉，那就是，只要人际关系出了问题，那么一切就都将裹足不前。随着时间的推移，经验的积累，我当初的直觉得到了验证：有效的关系才能产生有效的结果。我领悟到一点，不注重改善我们与彼此之间的互动交流，就难于成就大事。虽然我们很自然地倾向于把重点放在我们想要“修复”的地方，但当我们首先从自己开始时，总会得到最好的结果。引用已故的史蒂芬·R. 柯维博士的一句话，“所有有意义的改变都是由内往外而来的。”柯维博士是畅销书《高效能人士的七个习惯》的作者，是富兰克林柯维公司的联合创始人，并被《时代》杂志评为25位最具影响力的美国人之一。

虽然我并不是这个伟大公司的许多原则和思维定式的创造者，但我有机会见识了这些原则和思维定式在执行层面上的效力，我既目睹了实践它们的效益，也见证了忽视它们的代价。为此，我在本书中分享了我在20多年里的一系列对话和经历（或世界各地的客户和其他人与我分享的经验）。我已经改变了某些细节来保护涉及隐私的内容。我深深感到有必要将这些故事分享出来，这是一些思维定式如何影响我们的体验以及与世界互动方式的故事，是一些拯救或破坏人际关系的故事，是一些职业生涯停滞不前或突飞猛进的故事，以及一些特别的人的故事，这些人帮助我和我们公司中的许多人，让我们在做几乎所有事情时都变得更好。虽然我从失败中也吸取了许多深刻的经验教训，但我主要选取生活中的一些积极对话作为例子来说明这些内容的力量。我最深刻和最有意义的见解，正是来自这些理念与实践交汇的地方。

事实上，有很多影响人际关系的实践，但根据我过往的经验，我决定选择15个最具影响力的来写。我将讨论为什么不实践它们会让你感觉像活在萨特的地狱一般，并在每一章的开头提出一个问题，以帮助你回想自己与这一实践相关的经历。大多数章会以一个故事开始，这个故事的最后部分在章节结束时才揭晓。通过这个叙述手法，将人们通常为何所困和他们的解决方案分别置于首尾，支撑起一章的框架。每次我在最后讲述故事后文时，我会刻意地重复一部分故事内容，来帮助你记起先前的情节。

阅读本书时，你可以从头到尾按顺序阅读，也可以先浏览每一章开始时的问题，找到你当下面临的难题，优先阅读。在每章结束都有“如何应用”，你可以在自己的工作与生活中去运用这些实践。不过，最为重要的是，你要以开放的心态和思维来阅读这本书，并考虑这样一种可能性：真正与他人更好地相处的唯一途径是从你自己开始。根据我的经验，这样做，你生活中的几乎每个领域都会实质性的获益。

实践 1

戴上正确的眼镜

你有没有发现，你看到的所谓的真相并不那么真实或者并不是完整的?

如果确实如此的话，你或许要考虑实践1：戴上正确的眼镜。

如果你不戴上正确的眼镜，结果可能是：

- 你基于不正确的信息行动。
- 你得不到你想要的结果。
- 当你意识到你对真相的看法是片面且不准确时，你会觉得自己很愚蠢。

乔恩衣着干练地走进我的办公室，带着一丝紧迫的气息。他管理着一个团队，承受着源源不断的压力，他们需要实现有竞争力的高绩效，并在最后期限前达到目标。因此，他对任何人或任何使进度慢下来的事情都感到沮丧、失望，他的这一点已经是公开的秘密了。我马上就能读懂他的表情：他心情不好。

“托德，你有时间吗？”他走了进来，带上身后的门。他非常了解，作为首席人力资源官，我有一条办公室开放政策，尤其是在我的门开着的时候。

“当然。”我回答，邀请他坐下。他犹豫了，他在说话时似乎很想来回踱步，但他终究还是忍住了。他点了点头，坐了下来，因为突然没法活动，他看起来有些不舒服。

“现在说说怎么回事吧。”我主动开口。乔恩揉了揉眉心，整理自己的思绪。

“是关于伊莎贝尔，”他说话的时候，明显感觉到有些许沮丧。“她又一次放慢了项目进度，这样很可能错过最后期限。”伊莎贝尔是一个项目经理，也是乔恩的同事。她思想缜密，聪明，善于从全局思考，是这个组织中有价值且值得信赖的成员。同时，她似乎对乔恩的紧迫感并不感冒。

“我明白了。我要怎么帮忙呢？”

“我需要你去跟她沟通一下，”乔恩回答，“因为我并不是一个懂人际关系的人，不太会沟通。”

●●●

乔恩申明他不是一个“懂人际关系的人”，这一点提醒了我，我们不仅通过一套透视镜看我们自己，也是如此看我们周围的人。而就像任何普通镜片一样，它要么让我们更清楚地看到现实，要么扭曲现实。我有意使用这个比喻，是因为我有过这样纠正视力的经历。我记得在二年级的时候，我戴上了人生的第一副眼镜，我惊讶地发现：我第一次能看到几道街远的树叶。无数其他从未注意到的细节突然清晰可见，我的整个世界都变得清晰而充满生机。

但在那之前，我根本不知道自己错过了什么。对我来说，所有事物看起来都是它们看上去的样子。难怪我的艺术老师会推荐我从事会计职业！通过一副新眼镜，我清楚地意识到我错过了多少自己没有注意到的事物。虽然你可能会认为能多看到几片树叶根本微不足道，但这背后存在着一个更重要的真理。正如哲学家兼作家托马斯·库恩所写的那样，“所有重大的突破都是打破旧有的思维方式。”事实证明，我们所看到的形成了我们的思维和感觉，也影响了我们的行为和最终得到的结果。

几年前，我的一个好朋友想要保持身材，就决定开始跑步。这个决定对他来说很重要，原因有很多，包括想要过上更健康的生活，想要有更多的精力与家人在一起共度美好时光。前两天他做得很好，但在第三天，他在人行道上绊了一跤，扭伤了脚踝。伤处的疼痛感使他的计划不得不靠边站，同时他还需要几个月的时间才能痊愈。

当他感觉好得差不多了，可以用跑鞋替换掉拐杖时，他并没有这样做。虽然跑步对他实现健康的生活方式相当重要，但他还是决定放弃。他戴上了一副特别的眼镜，认为自己不是那么有运动天赋，而且这个世界到处充满了陷阱。这一观点影响了他的想法（认为一开始尝试跑步就是个错误决定）；这些想法接下来又影响了他的感受（他没有再出去运动的动力，也对这项运动很害怕）；最后这些感觉驱使着他的行为（他最终回到了沙发上）。对他来说，如此重要的目标，就这样被遗忘了。

我们如何看待自己和周围的世界被称为思维定式。引用一句柯维博士的话：

> “如果你想在生活中做些小小的改变，那就在你的行为上下功夫。如果你想要重大的量子级的突破，就在你的思维定式上下功夫。”

我们再次回到我的朋友那里，仔细看看当时到底发生了什么。他的脚踝已经痊愈，他有两条功能健全的腿，他的健康状况良好（但也不是特别好）。他的医生告诉他，他可以也应该重新开始跑步，再说那双新跑鞋正坐在衣橱里等着系鞋带。是的，虽然外面世界的路面上到处都是裂缝，但他完全可以当心点并学会更好地应对它们。想象一下，如果我的朋友把限制他视野的镜片换掉，做些更有益的事情：

- **看法** 我的身体能够跑步，而且我能处理好我前进路上阻碍我的这些小障碍。

- **思考** 我可以而且应该重新开始跑步。
- **感受** 我很乐观，我能实现对我来说很重要的目标。
- **行动** 我把鞋子从衣橱里拿出来，去跑步去！

简单地说，我们选择如何看待自己和他人，会对我们的想法、感受和行为产生连锁效应。这个概念是在我们的生活中做出重大改变的基本原则。看看下面这些表述，我们常常以不准确的方式看待我们自己：

- 我不属于这里。
- 我太懒。
- 我不耐烦。
- 我永远都不够好。
- 我不能改变——我就是我。

同样，我们也常常以不准确的方式看待世界与他人：

- 一切都对我很不利。
- 许多事情通常结果都很糟糕。
- 我的朋友们不为他人着想。
- 我的同事不明白他自己在做什么。
- 人们不值得信任。
- 我的团队永远不会有改变。

我自己也有一段与跑步相关的经历，也是在选择戴上什么样的眼镜上有过挣扎，那次经历对我以及我生命中最重要的人都有着深远的影响。

多年前，我的女儿西德妮和许多青少年一样，都有过努力克服自卑的经历。但对于她来说更艰难，她在很小的时候就失去了听力。这让她很难与他人交流，也常常成为她被取笑的素材。我当时开始跑步，觉得完成一场马拉松可能会对她有一点好处。她似乎喜欢这个主意，所以我们开始一起训练。不久，她开始挣扎纠结。从一大清早的早起到不间断的苦练，这一切对她来说终究是太多了，最后她放弃了。一开始我很失望，但说实话，我也有点松了一口气，因为我可以专注于自己的目标，在四个小时内完成马拉松比赛。

比赛时间到了，又过去了。我没能成功跑完马拉松，而西德妮也仍然在自卑中挣扎。

来年，我问她是否愿意再试一次。她同意了，我们又回到马拉松训练上。这次，西德妮坚持得稍微久一点了；但最终，由于早晨越来越冷，她的肌肉开始越来酸痛，她又一次退出了。再一次，我很失望，但我又回到了自己的训练计划上。比赛开始又结束。我还是没有实现我的目标，而西德妮也继续在自卑中挣扎。

接下来的一年，我停了下来，重新评估到底是哪个环节出了问题。很明显，我的良好意图没有奏效。我仔细地想了一下我的女儿，她是多么的坚强。我看着她克服失去听力带来的种种障碍，那些我无法想象自己去承受的阻碍。她有着令人难以置信的力量和毅力。如果这是真的——而且我知道它是——问题并不在于她。我意识到我从来没有真正相信她有能力完成马拉松比赛，而我的这种信念流露在我们前两次尝试中的训练方式上。例如（我几乎不好意思承认这一点），因为她跑得更慢，我经常绕着她跑，这样我就可以专注于自己的体能训练。我实际上就是在她身边跑来跑去！现在想想，如果在你每天早上训练的时候，有个人几乎是在你周围绕圈跑，那是多么令人沮丧的事。我确信西德妮认为她阻碍了我，这才使得她更轻易地选择了退缩。

当我第三次要求西德妮跑马拉松的时候，我表达了我完全知道她能做到这一点。这一次，我相信西德妮能做到！因此，她也是如此。我们又开始训练了，但现在的我完全专注于她了。有时这会体现在小事上，比如我拿着我们两人的水瓶，这样她就能专注于自己的跑步姿势。或者是在更大一点的事情上，比如稍微落后于她身后一点跑，这样她就能加快步伐。这次西德妮没有放弃，而这本身就是一项了不起的成就。我还看到我的女儿是一个有意志力的人，她不仅能站上起跑线，还能跨过终点线。

比赛的日子到来了，我知道西德妮能够完成这场马拉松。我唯一关心的是，希望在终点处的气球被拿下、喧闹停止前完成赛程。根据我们最后的训练，我怀疑我们会在5个半小时的时间内到达。如果我们多加把劲，也有可能是5个小时20分钟。

比赛开始了，我们上路了。在大约25公里的时候，我记得自己告诉西德妮，比赛时间过得很快。她看着我，感觉好像我疯了一样。有哪个神志正常的人跑马拉松会抱怨比赛时间过得太快吗？但那是我的感觉，因为我太享受看着西德妮完成这个惊人目标的过程了。我们早早地在气球被拿下前就穿过了终点线，时间是4小时23分钟。我们很兴奋，她站上了世界之巅。那是一个我永远不会忘记的时刻。穿越我自己的第一次马拉松的终点线是激动人心的，但在我的女儿穿过她的第一个终点线的时候，没有什么比这一刻和她在一起更令人兴奋的了。而且想想，如果我继续用错误的思维来看西德妮，那么这一切可能不会发生。

当我“戴上正确的眼镜”看我女儿时，发生了如下改变：

- **看法**　我选择把西德妮看作一个有实力和能力去完成马拉松的人。

- **思考** 我改变了我的体能训练策略，把重点从我们两个人身上放到了专注于她一人。
- **感受** 我对她以及她能做什么有信心，而且我知道她能感受到我对她的信心。
- **行动** 我们在采取了这种训练方式后，我们俩一起跑过了终点线。

每当我思忖这个话题的时候，我都会想起威斯敏斯特大教堂里据称是刻在英国圣公会主教墓碑上的文字：

> “当我年轻自由的时候，我的想象力没有极限，我梦想着改变这个世界。
>
> 随着年龄和智慧的增长，我发现这个世界不会变，所以我决定把视野放在只改变我的国家上。
>
> 但它似乎也无法改变。
>
> 在我进入暮年的时候，在最后一次绝望的尝试中，我决定只改变我的家人，那些离我最近的人，不过，我叹了一口气，他们却没有丝毫改变。
>
> 现在，当我躺在临终的床上时，我突然意识到：如果我先改变了自己，那么我就会改变我的家庭。从他们的激励和鼓励中，我将能够更好地为我的国家做一些事情；然后，谁知道呢，我甚至可能已经改变这个世界。”

当我们戴着限制自我的眼镜时，我们会对自己造成很大的伤害，而这样的思维定式往往是人类本性的一部分。但好消息是，改变眼镜是一种选择，我们都有能力做到这一点，即使是我的同事乔恩。

●●●

“我需要你这样的人跟她沟通一下，”乔恩回答，“我不是一个懂人际关系的人，不太会沟通。”

这样的观点非常常见，我们就只是我们这样，我们无法改变。我知道乔恩来到我的办公室，是想要请我作为一个盟友来影响伊莎贝尔，但我觉得还有一些更重要的事情去做。“乔恩，告诉我你为什么会这么想？”

“怎么想？”

“你不是一个懂人际关系的人。”

我从他的表情可以看出，这并不是他预期的反应。他在继续讲话之前清了清嗓子，“嗯，你知道这是怎么回事。”

我继续推进。“到底是什么事情？”

乔恩叹了口气。“看，我是一个要结果的人。”这套说辞是我已经听过无数次的老调重弹。“我催促了，就会得到结果，也正是因为我这样做，有时会让人反感。我就是不擅长用温和的方式处理问题。”

“你今年结婚多少年了？”我很清楚地知道答案是什么。

“十九年。”

我知道乔恩是一个了不起的丈夫和父亲，所以我并不认同他对自己的看法。“我认为你已经掌握了一些温和的方式来处理事情了。”

乔恩开口想要反驳，但他停了下来。我想他很了解我，知道我不会轻易放弃。故而，他举起双手，瘫倒在椅子上。“好吧，我投降。”

“那么，假设你真的是一个懂人际关系的人，”我接着说，“你会怎么处理伊莎贝尔的情况呢？”

“好吧，我想。和她谈话的那个人应该是我，而不是你。”

我点了点头。“我喜欢你用的这个词‘谈话’，因为这是关于相互尊重和共同的目标。我想，你和伊莎贝尔都想要同样的东西。因此，我的建议是，你要拒绝这样一个观点，认为自己不是一个懂人际关系的人，你要动身去和你的同事们进行一些建设性的对话。另外，你或许还要重新考虑你对伊莎贝尔的刻板印象。”

“你的意思是？”

“这个嘛，我很难相信伊莎贝尔不如你那么在意满足最后期限的要求。”

乔恩思考了一下。“是的，我会考虑的。这是一个好的点。”

如何应用

戴上正确的眼镜

花点时间来评估一下你现在戴的眼镜，看看你是否应该换一副更好的眼镜。使用这个练习来帮助你确定戴的眼镜是否合适。

1. 找出一段让人感觉不太好或充满挑战的人际关系。

2. 在下面的表格中，在左列中列出你认为这段关系发展不顺利的原因。

3. 在所列原因中，划出哪些原因是事实，也就是大多数人都会认同的内容。

4. 其余的原因很可能是你对这个人存在着的不全面的看法，然后问自己：我的看法是否值得重新考虑？哪些看法（我以前认为是“事实”）我可能会改变？如果我改变了它们，结果会怎样？

5. 起草一个新的更完整的思维定式。

6. 基于正确的眼镜，确定你要采取哪些行动。

原 因	新的思维定式（正确的眼镜）	行 动
玛丽埃塔总是处于防御状态，疏远他人。她表现得似乎比她实际知道的更多。她是团队里最优秀的选手之一。她以她们班最好的成绩毕业。但她没有安全感，并试图通过成为一切事物的权威来弥补这种不安全感。	玛丽埃塔想做好工作，本意是好的。她可能需要从我这里获得更多的鼓励，她也需要积累更多的经验来学习如何与他人合作。	我会安排一次与玛丽埃塔的会面，以便更好地了解她，与她分享我对她正在做的工作的具体反馈，并指导她如何更好地与他人接触。

实践 2

掌控自己的情绪

你是否曾经发现自己被他人、环境或自己的下意识反应所控制?

如果确实如此的话，你或许要考虑实践2：掌控自己的情绪。

当你无法掌控自己的情绪时，结果可能是：

- 你被生活牵着鼻子走，而不是主导生活。
- 你限制了自己积极影响他人的能力。

“你有没有不得已解雇过什么人，而那个人恰恰是公司里所有人都喜欢的？”

这个问题让我措手不及。我把苏打水放下，思考着坐在我对面的那个人。多年前，我们曾经在一起工作，后来一直保持着友好的关系，通常，我们还会相约一起吃午饭。

“我很好奇这个问题背后是不是另有隐情。”我发出了疑惑。我的朋友点了点头，我注意到他似乎有点疲惫。

“昨天我花了几个小时和许多同事见面，他们都是我解雇的这个家伙的同事。大家都很沮丧。老实说，我也是，我丢下手头事情去帮助他的次数多到我都数不清了。”

我知道让一个人离开公司的理由可能会有许多，而我最不想做的事情就是窥探个人的细节。但很明显，我的朋友心里有事。

“我自己也有必须解雇人的时候，”我同情地回答，“这种事真的很不容易。”

我的朋友点了点头。“他真的碰到我的痛处了。我为这个家伙做了很多事情。这让我更不能接受他的背叛行为。”

“什么意思？”

“他下班后的时间在给一个我们的竞争对手工作，而他对此从未提起过。这说明，他根本没有为我以及支持着他的公司着想，”他回答说，而且越来越生气了，“我真不敢相信他把我们为他做的一切都视为一文不值。”

“所以，你和他讨论后，决定解雇他了？”

“唉，并没有太多的讨论。就在我知道发生了什么事的时候，我就让他走了。但现在，就连首席执行官也在质疑我的决定，所有人都认为我是整个事件的坏人。”

也许首席执行官的想法并不是太过离谱。还有就是，这个故事不只是这些事情。

“你看，对我来说，忠诚很重要，而且大家都知道我作决定是很快的，”我的朋友接着说，“我别无选择。”

●●●

我相信我们从来都不会没得选。当然，这并不意味着事情不会超脱我们的控制，或者我们的选择不会受到严重的限制。正如奥斯维辛集中营的幸存者《活出生命的意义》的作者维克多·弗兰克尔所言，“一个人身上的任何东西都可以被拿走，但最后只有一样东西是拿不走的，那就是人的自由——在面对特定环境时选择自己态度和自己所走的路的能力。”

我有一个同事，他分享了他还是本科生时的一个难忘的教授的故事。每天，这个矮小而又有点圆胖的人会走进大学校园，手里拿着咖啡，好心情自然洋溢在脸上，似乎没有任何烦心事。他会热情地和学生打招呼，经常停下来和他们谈论他们的一天，他是校园里最受欢迎的教授之一。一个春季的早晨，一场暴雨袭击了校园，虽然教授忘了把伞放在什么地方，他还是如常穿过校园去上课。当他到达教室的时候，他仍然像往常一样开朗明快，而学生们从身上一层层剥下湿漉漉的衣物，对意外的倾盆大雨感到有些烦躁。这位教授一如既往的愉快心情配着被雨浸透的衬衫，这样的细节被一名学生注意到了。他说："嘿，查克老师，你对暴雨不感到烦躁吗？"教授笑了。

"当然烦躁，但我得益于自己的身高——雨落到我身上需要的时间要长一些啊。"

校园里没有任何人能控制天气。对于不受欢迎的潮湿天气或暴风雨，大多数人都会任他们因之而起的不良情绪消极地影响自己。他们抱怨温度突然下降，或者他们浑身湿透。他们允许乌云来支配他们的情绪，渴望太阳出现来提振他们的精神。这样的想法很容易让人觉得自己是一个受害者，因为我们相信我们是在无助地受到外部世界的影响。当别人成为我们沮丧和无助的根源时，我们很容易去指责、控诉，并陷入受害者的心态，用消极的语言应对。

然而，教授做出了不同的选择。他不是对外面的天气做出反应，而是自己承担。他向内看，而不是往外观。这个快乐的老师决定了，他怎样去思考和感受由自己所看重的东西决定，不管外面有什么风风雨雨来打扰。是像一个受害者般应对外部世界，还是矢志不渝地坚持自己的内在信念，这是那些选择去控制自己情绪天气的人与那些被动回应外部世界的人之间的本质区别。就我们小个头的教授而言，他珍惜机会来上课，做他喜欢做的事，创造一个积极的环境，让他的学生在学习知识时可以乐在其中，他播种着可以在未来数年开花结果的教育种子，和这些高兴的事情比起来，这点雨又算得了什么呢？

富尔顿·J. 施恩曾说过这样的话："在我们所处的情感世界中，每个人都在营造自己的天气，决定着自己天空的颜色。"

控制自己情绪天气的基础，是能够在刺激与反应中间有暂停的能力。最早期的人类学会了"战斗或逃跑"反应，以应对可能危及生命的情况。而在现代社会，对于我们大多数人来说，我们日常的挑战已不再是存活下来的问题了。我们现在的压力呈现了许多不同的、不那么致命的形式。然而，外部刺激还是天然地会使我们迅速作出反应，有时还是不恰当的反应。

值得庆幸的是，除了我们大脑中的反应部分，我们还可以操控大脑的其他部分。作为人类，我们拥有自我意识这一独特特质——观察和评价自己想法的能力。它让我们有能力停下来，后退一步，看看我们自己，以及我们采用和践行的思维定式。实际上，它给了我们主动选择如何去回应的自由。

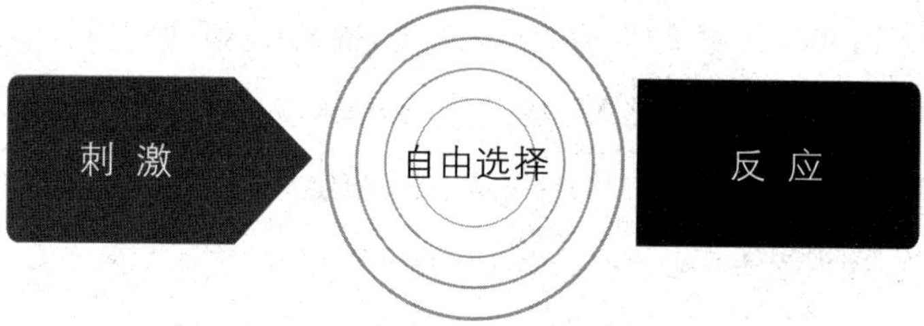

我的好朋友兼同事亚伦是我们公司负责招聘的主管，关于这个原则，我在这里分享一个他的例子。最好的招聘官往往会花很多时间和精力去寻找并向公司推荐合适的人，亚伦也不例外。我记得有一个候选人，亚伦曾经跟进了她好几个月。这位非常受欢迎的人受到数家公司的青睐，亚伦竭尽全力与她建立关系，并积极地向她展示我们公司。我甚至还记得，亚伦在周六的时候排开事情去和她会面，放弃了自己和家人相处的空闲时间，因为这是她唯一能飞过来的日子。这个人真的很优秀。她从亚伦提交给管理团队的所有候选人中脱颖而出。

亚伦在招聘过程和最终面试中投入了大量的时间和精力，但招聘经理给了他这样的回音："我们真的很喜欢她，"经理接着说，"但我们希望你能多找几个有资格参加面试的候选人。"

在这种时候，大多数人都可能会想一拳打穿墙壁。亚伦知道这个杰出的候选人将会被另一个公司聘用。当消息传来的时候，我在场，也一直在支持着这位候选人。我按捺着自己的冲动，看着亚伦听着这一结果慢慢地呼吸。很明显，他按下了暂停按钮。"当然，我明白，"亚伦回答道，"我知道你们需要非常有信心，确定我们招到了合适的人来胜任这个岗位。我很乐意继续找下去。"

坦白地说，我感到很吃惊。我对亚伦的佩服更深了。后来，我把他拉到一边，问他如何在面对这种令人沮丧的拒绝时表现得如此积极。“托德，如果招聘经理对候选人不感兴趣，候选人就不会成功，”他回答道，“既然结果才是最重要的，那我只需找到达到这个标准的人选。”

我多希望我在职业生涯的早期就能拥有亚伦的这种成熟。

当时作为一名年轻的招聘人员，我曾邀请一位同事与我一起工作，但结果是，她居然要求她的薪水比做同样工作的我要多不少于一千美元，她才接受。令我惊讶的是，老板批准了更高的薪水要求。我被激怒了。“等一下！”我抱怨道，“我在公司已经有四年了。我帮你找到了这个人，现在你要付给她的薪水比你付给我的还要多吗？”

我的老板只是回应说，为了能招到合适的人，就必须付出相应的代价。我回到办公室，满是消极和愤怒的想法。这是不公平的！我为什么要少领工资？我的老板不喜欢我吗？也许我应该停止这么辛苦的工作。也许我应该找个别的工作？这些想法在接下来的几天里持续存在，我基本上沉湎于自己的受害者情绪中。一天晚上，我在向父亲抱怨这件事，向他解释我所遭受的巨大不公。他耐心地听着我责怪我的老板、我的同事、工作本身，以及任何我能想到的东西。后来，在我吃完后，他看着我的眼睛，问道：“你有没有想过，你能做些什么来获得额外的1000美元？市场的公平是为你能做的事情争取到公平的价格。”

这句突如其来的话击中了我内心。我一直在花时间对我的情绪作出反应，而不是选择专注于我能做什么来影响目前的形势。我看到的是一个巨大而可悲的不公正的地方，我父亲看到了一个让我可以进一步思考我的角色的机会。第二天，我找到我的老板，问他：“我很感激你在过去几天里听我对这个工资问题的不满。你需要从我身上看到什么，才能考虑提高我的工资呢？”

我记得他当天的反应，好像他一直在等待着这个简单的问题。“我很高兴你这样问我，托德，”他回答说，“现在我们公司平均需要10个月的时间来招募一名新医生。如果我们能把招聘周期缩短到6个月，我会很乐意地考虑提高你的薪酬。”我勉强地放下受害者情绪，开始把时间和精力放在缩短招聘周期上。值得庆贺的是，我成功了！这是一个艰难的过程，但我见识到了掌控自己情绪的好处和扮演受害者的后果。

我们再次回到我的同事亚伦这个案例上。掌控自己情绪的力量是如此之大，以至于它连我们面临的最困难风暴都能克服。在43岁的时候，亚伦参加了常规眼科检查；亚伦的医生发现了一个在过去15年里一直在增长的脑瘤。亚伦没有惊慌失措，也没有陷入绝望，他平静地做了预约，并经历了肿瘤评估和治疗的过程。这个肿瘤是良性的，但在他的视神经上引起了肿胀，这影响了他的视力。如果不及时治疗，肿瘤可能会危及生命。医生们安排了一个紧急手术来限制这个肿瘤的扩散。

手术后的第二天，我去拜访了亚伦。他的积极态度给我留下了深刻的印象。“他们认为手术进行得很顺利，”他在病床上宣布，“他们会在几周内对我进行复查，但我觉得结果会很乐观。”几个星期过去了，他的健康状况持续好转。我禁不住在想，他的态度绝对是一个重要的因素。

手术后的几个月，他在工作中与我们见面，只是为了表达他对我们支持的感谢。他开始变得有些情绪化，不是因为什么严重的情况，也不是因为什么不得不忍受的痛苦，而是因为他对他生活中的一些重要人际关系的感谢。“我很抱歉，”他告诉我们，“我只是抑制不住感激之情——对我的生活、我的家庭，以及对在这里工作的我的朋友们的感激。”

亚伦很久以前就决定不让外界因素来决定他的感受，这让他能够处理从招聘挑战到生活中最痛苦的时期的各种事情。当我想到亚伦有能力掌控自己的情绪时，我希望能和我的朋友分享掌控自己情绪带来的好处。

●●●

“我可以问你一个问题吗？”我提出。我的朋友点了点头。“作为一个领导者，你希望你拥有什么样的名声或者留下什么存在的痕迹？”

我的朋友停了下来。“我不知道你在说什么。”

“我在想，我们可以从解雇这件事上后退一步，看一看大局。”

“好吧，”我的朋友边想边回答，“我想成为一个能把事情做好的人。”

“很好。那么在与人相关的方面呢？”我问。

“嗯，我想要他们和我站在同一条船上，和我一起，把事情做好。”

“当然，但是，作为他们的领导，你希望他们怎样看你呢？”

我的朋友马上回答说：“我要他们尊重我。”

说完这些话，我停顿了片刻，然后接着说：“我知道这听起来似乎是很显然的事情，但你希望他们因什么而尊重你呢？”

我的朋友在桌子前盯着我看，“我希望他们因什么而尊重我？呃，我是他们的领导，我想我可以教给他们或为他们提供一些东西。”

“让我们继续这个思路。想象一下，你的团队聚集在你的退休派对上，他们每个人都在分享他们从你身上学到的东西。你想听什么？”

我的朋友想了一会儿，说：“我想听到他们对我表达忠诚，就像我忠诚于他们一样——我花了时间来指导他们，让他们的生活变得更好。”

“但是想想你是如何处理那名背叛你和公司的员工的，你的处理方式是否符合你刚才对自己作为一名领导者的定位与描述呢？”

我的朋友从桌子对面盯着我看：“我想是不符的，我情绪失控了。”

“你之所以会有那样的反应是因为你觉得这个员工不忠吧？”

“当时，确实是这样。”

“现在呢？”

“我不知道。也许我得出了错误的结论。我的意思是，我从来没有真正坐下来和他谈过这件事。”

“也许这就是你现在感到困扰的原因。你让你的第一情绪反应占用了去了解真实情况的时间。你作出了一个很可能与你的价值观不相符的选择，你的内在价值观是成为一名导师，对员工的生活产生积极的影响。”

我的朋友停顿了一下，然后问道：“那么，我现在该怎么办？”

“已经发生的事情就让它过去吧。我不知道你们公司的情况如何，但你可能有必要和你的首席执行官采取一些止损的举措。”我接着提出建议，“要记住，在将来，不管有多难，在情绪高涨时，你永远拥有按下暂停键这个选择，即便只是花五分钟的时间来整理你的思绪。利用这段时间，反思对你来说重要的事情，比如你希望留下什么样的存在的痕迹，或者在你的退休派对上别人会怎么评价你，等等。”

“我想这是要考虑的，”我的朋友也对此表示认可，“不管怎样，我似乎还有事情要做。”我点了点头，希望我的朋友能把这个教训牢记在心。

掌控自己的情绪可以以多种方式表达：从主动作出选择到保持愉快或专业的性格特质，不允许周围发生的任何事情让我们的道德指南针发生偏移。但它的核心始终是一种选择，而且除非得到我们的允许，否则这项权力永远无人能够剥夺。

如何应用

掌控自己的情绪

我们可以通过积极主动的行为来增强我们掌控自己情绪的能力。

回想一个曾激怒你的人，或者一个曾让你立即作出反应的情况。现在思考下次这种情况发生时，你会尝试以下哪项行为：

- 从一数到十，在刺激和反应之间创造一个缓冲的空间，去散步，或者告诉某人在回应之前你需要时间想一想。
- 在作出反应之前，更多地了解那个人或情况，可以这样说："这在我看来是说不通的，所以我想我可能漏听了一些内容。可以让我多了解一点相关情况吗？"
- 给触犯你的人写一封电子邮件或一封信，有意识地不要发送。留着过一夜，然后再读一遍，看看它是否能准确地反映你现在的感受和你看重的价值观念。
- 回想一个过去发生过的事情，你的反应在这个事件中产生了不良影响。你当时做了什么或说了什么，结果是什么？现在想象一下，在将来遇到这样的事情，选一个更好、更有效的方式来回应。以这种新方式作出反应的积极结果会是什么呢？

实践 3

行事为人
让他人能够信任

你是否曾经为自己失误造成的问题找了借口？

如果确实如此的话，你或许要考虑实践3：行事为人让他人能够信任。

如果你行事为人无法获得他人的信任，结果可能是：

- 人们会根据你的行为，而不是你善意的意图来评判你，你会因此有挫败感。
- 你觉得自己必须向他人证明自己，你因此被激怒。
- 随着时间的流逝，没有人信任你，或对你有信心。

最近，我的朋友切尔西在开车上班的路上发生爆胎。换上备用胎后，她去了一家知名的国内连锁专营店。修理师在轮胎的侧壁上发现了一颗钉子，并指出，如果胎面厚度小于九毫米，则没有办法再修补破孔。切尔西听到这儿觉到有点沮丧，因为她可能必须购买新的轮胎了，但修理师的话还没有说完。他接着说，由于她开的是一辆四轮驱动的车辆，那么哪怕只有一个是坏的，四个轮胎也都需要更换。他测量了穿孔轮胎上的胎面厚度，并且郁闷地宣布是七毫米，所以别无选择，切尔西只能购买一整套新的。他算了一下总费用（超过一千美元），并安排了第二天的预约。

在开车回家的路上，切尔西决定打电话给她的哥哥迈克，他以前做过汽车零部件推销员。就算在轮胎方面完全不懂行，她也不愿意轻易在这上面花掉一千多美元。迈克给了她一个他认为靠谱的，但她从来没听说过的小店的名字。她打电话给值班的修理师，得知她可以买到同样的轮胎，而且比前一个店的报价要便宜两百美元。她着急省钱，但又犹豫要不要选这家不知名的店。不过，基于迈克的建议，她最终还是决定开车去小店购买轮胎。

小店的修理师问他是否可以看看穿孔的轮胎。切尔西心想，她既然已经定了要购买整套新胎，那么再检查一下原来的轮胎似乎也没什么妨害，就看一下吧。修理师看了之后，又重新测量了一次轮胎，告诉她胎面测出是九毫米，不是七毫米。他继续告诉切尔西，她完全不需要四个轮胎都换。相反，他建议切尔西去她最初购买汽车的经销商处找一下服务经理看看。他的建议是她去买一个相同的轮胎，然后打磨下轮胎胎面，差不多到能和其他三个轮胎一样就可以了。

这个建议肯定会让修理师的一桩买卖没了，但他是真的在用心去帮助切尔西找最便宜的方案来解决问题。结果，我的朋友接受了他的建议，最终节省了近八百美元。同时她也打电话给了原先的那家店，不仅取消了预约，而且表达了她的失望。

●●●

从切尔西讲述她遭遇爆胎事故的这次事件，我在思考这两个商店分别获得了怎样的声誉。这两个修理师都面对着同样的问题，但第一个的行为方式严重损害了他自己在我朋友和每一个知晓这件事的人之间的信誉。相比之下，第二个修理师提升了他的信誉，还有可能在这个过程中赢得了一些新的客户。他展示了三个获得他人信任的行事为人原则：

- 展示品格和能力
- 把眼光放长远
- 适应当前的情况

展示品格和能力

没有良好的品格和能力，人们不会去信任你。你可能会认为我是一个思虑周全和对人体贴入微（品格）的人，但当我自荐为你打包你第一次跳伞课程（能力）的降落伞时，你可能就会对此持保留意见。你或许很想知道我到底在装降落伞包方面有多少经验，接受过什么培训（完全没有）。就算我表现出再亲切、积极的态度，你也会直接意识到对我无法完全信任。同样的道理，当你获知为你打包降落伞的人是一个因法律技术细则原因在过失杀人后被无罪释放的人，你可能就会犹豫：这个人哪怕有各种降落伞打包资格证书，但只要你感到这个打包者在品格方面有些许缺失，就可能会引起你的顾虑。好了，这个例子显然有点极端，但没有优良的品格和较高的能力，信誉也不太可能有多少了。因此，这两方面都值得深入探讨一下。

品　格

在职业生涯早期，我作为一个年轻经理获得了一个关于品格的宝贵教训。我当时在一个医疗保健公司，我的工作是与合作的医生商谈合同细节。有一年，我们引进了一批医生。我们的团队需要几周的时间才能做出一份满足他们需求的合同。当时我们还没有计算机和电子文件，所有事情都是在打字机上完成的（现在这种设备大多只有在博物馆才能见到）。总之，打出来的这些原始文件在团队中不同成员手里来回传递，进行一些适时的修改、编辑和建议。经过几周的协同工作，我们进入到了尾声，合同终稿即将完成，可以准备签署了，但是它不见了！

谁都找不到。被认为是最后一个合同审阅者的每一个人，总能指出在其之后还有其他人接触到合同。我们搜寻了一个多星期，试图找到那份文件，但并不走运，而时钟正在滴答前行，签约日期逼近，我们需要与医生小组做出一份新的合同。

这件事情真的非常令人沮丧，我们别无他法，只能从头开始艰辛地重新订立合同。虽然这次的写作速度要快一些，但还是耗费了我们大量的努力。我们最终完成了新的合同，并开始落实，双方建立起了合作关系。

大约六个月后的一个晚上，我在翻办公桌抽屉寻找一份旧材料。当掏出各种文件时，我吓了一大跳，我发现了失踪的合同——它一直就在我的办公桌里！我不小心将它夹到了另一个文件的背面，放进了别的文件夹中。

我认真思考我下一步应该做什么。那份新的合同已经在执行，大家都已不再沮丧，投入到了新的事务中。我的第一个念头是不告诉任何人，将合同揉成一团扔垃圾桶算了。我最不想的是让其他任何人发现我是那场算是灾难的制造者，是让所有人努力付之东流的家伙。我回家睡觉，把问题留到第二天解决。然而，第二天早晨，我发现自己已经走到了我老板的办公室，手中拿着丢失了的合同。虽然我更愿意相信，我说出真相的决定是由于我高尚的品格，但在那个年龄，我可能更多的是受到恐惧的驱使，怕有人最终还是发现了事情的真相，那么我企图隐瞒事实只会使事情变得更糟。

“我想，你会想要杀了我的，”当我把那份丢失的文件交给他时，我不情愿地对我的老板说，“不过，还是看看我在我办公桌里发现了什么吧！”

他拿过文件，然后看了我很久。我等待着即将爆发的愤怒。相反，他说：“我佩服你，托德。我想，如果是我的话，我会直接扔了它。”当我告诉他这个念头已经在我脑海里闪现过了时，我们都笑了。

他当天的回应给了我宝贵的一课：品格不是建立在绝无过错上，而是通过行为向别人证明我是值得信任的，即使没人在盯着，也是可以信赖的。

能 力

许多人认为，强大的性格可以弥补能力的缺乏。我想起了曾经与我合作过的同事克雷格：他是个可靠而且让人愉快的人，没有人质疑他的诚实或正直。他总是记得大家的生日，常替别人着想，记得客户个人生活中的大事件。他总把人放在第一位。

在他的职业生涯中的某个节点上，克雷格和一个团队成员玛塔，那时正好与同一个客户合作。客户决定让我们的公司参与一个额外的项目，需要克雷格或玛塔投入更多工作。虽然两位员工都有良好的品格，但相较而言，玛塔一直以来在自己能力的提升上投资更多。她参加过几个研究生课程，以提升自己的商业头脑，多年来已经超越了我们的好几位顶级顾问。显然，她处于一个持续的学习状态，并且在她的专业能力上越来越佳。最终，客户知道玛塔已经付出足够多的成本来彻底了解业务，决定雇用玛塔而非克雷格这位和蔼可亲的同事。克雷格感到很失望，甚至觉得这个决定不公平。他任由自己的沮丧发酵，而一波又一波新客户的到来，让类似的事情循环往复，他最终离开了公司。克雷格失去了信誉，因为正是他让自己的能力逐渐缩水了。

提高能力往往要求我们走出自己的舒适区。一位朋友分享了玛丽的故事，玛丽个性羞怯，既是天性也有后天的因素，她想努力争取她所在团队领导的认可。她是一个很好的人，但如果她不能克服对自己不利的腼腆羞怯，那么她不会成为适合这个团队的好伙伴。管理层出现了变动，玛丽有了一位新老板，规定参加团队会议是绩效考核的一部分。当玛丽知道她需要参与并分享如何改进流程的想法时，她目瞪口呆。她对自己的想法是否值得去分享没有信心，更糟糕的是，她从未在她的生活中当众发过言。但是由于她发自内心想要变得更好，她勇敢地要求她的小组长丽莎当她导师，对她进行指导。她向丽莎坦言，她最近被要求在她所居住的社区小组面前发表公众讲话。那些人都是认识和喜欢她的人，话题也是她所了解的，然而她还是拒绝了。玛丽担心，如果她不能在社区的朋友面前说话，她又怎么能在同事面前说话时表现得淡定从容呢？

丽莎建议玛丽在团队会议之前向她一对一地分享她的建议。然后，丽莎将在团队会议中分享玛丽的想法，而且不让同事知道这些想法来自玛丽，以便玛丽能够看到人们对她的想法作出什么样的回应。玛丽同意了，她开始每周和丽莎会面。

在几次会议之后，玛丽看到她的同事对她的想法作出了积极回应。这个回应让她有勇气渐渐开始分享自己，每周增强了自己的沟通能力。有了来自丽莎和队友的积极反馈，最终，玛丽建立了她的信心。她的许多团队成员对玛丽开始分享自己有见地的建议感到惊讶。她变得勇敢起来，并提出消除一个制造流程中的冗余步骤的建议。当她的队友赞同她的时候，这个谦逊的女人感到很惊讶。这是一个很大的变化，需要提交执行委员会。她的队友们选玛丽出来表达这个想法。一开始，她不接受，但经过丽莎的大量指导，她一遍又一遍地练习，并让队友们给出有用的反馈。玛丽最后向执行团队提出了她的建议，而且通过并落实了。这个想法最终在一年内为公司节省了65000美元，而且后来节省得更多。她新获得公开分享想法的能力的过程，如她当时克服胆怯一般艰难，但最终这个能力让她在整个组织中建立了高度的信誉。

把眼光放长远

信誉的建立不是一蹴而就的事情。把眼光放长远意味着你愿意为了赢得它而付出——不管需要多少时间和努力。当我开始加入富兰克林柯维的人力资源部门时，我就在寻找方法来让事情尽可能的高效和有效。在早期的时候我注意到，所有员工的入职都是由首席执行官批准的——从兼职接待人员到高级领导。我立刻想到，这里是一个可以解放首席执行官时间的地方，那就是让招聘流程实现更高的效率。

我安排了与首席执行官的会议，一起探讨他主要想要从应聘者身上看到什么，以便他安心放手我去为某些职位聘用合适的人选。他的回应让我感到惊讶。“我很感激你来问我意见，”他说，“不过，坚持雇用我认可的职务人选这种方式一直运作得很好。”

我有一种感觉，他的决定背后有更多原因。这次的会谈让我感到有点困惑不解：为什么首席执行官愿意选择花费宝贵的时间核准所有新员工？

我继续执行着这个传统流程。每两个星期，他都会和我会面审查每一个新岗位的招聘。这是一个极其耗费时间的过程。他会问：“我们现在招聘的这个岗位，有没有其他人可以胜任？”或者，“如果这项工作没有完成，我们会有什么损失？”或者，“如果我们要重新设计这个部门，还会聘同样职位的人员吗？”这些问题一直在继续，我不禁怀疑他是不是不信任我有作出这类判断的能力。随着时间的流逝，我开始看了解他提问的模式。我开始预测问题并抢占先机。每次我们见面时，我都已经解答了比他所问的还要多的问题。这个过程持续了很长时间，我主动提供他会关心的信息，最后都会问道："我有没有遗漏什么？"每隔一段时间，首席执行官会问一些我没有涵盖的内容；但通常我都已经预先想到并提前解答了他的疑虑。我开始感到他在建立对我的信任。

这本来是容易让人感到沮丧的事情，因他这样做的话，我很可能会觉得自己的信誉受到挑战而不满。但是从长远的角度来看，我能够从首席执行官那里学习，并建立能提升我信誉的技能。我学习到了企业招聘工作应具备的批判性思维。它也让我有机会了解，当初被我视为过度参与背后的那些"为什么"。随着时间的推移，我了解到，首席执行官之所以参与这项工作更多是出于对人的诚挚关怀，而不是渴望做我的工作。他之所以在招聘流程这么严谨，是因为公司曾经由于没有正确的招聘流程，导致部门重组，对很多人产生了负面影响。首席执行官很在乎他人，他永远不想要再次出现这种情况。从长远来看，我需要有耐心地去确认什么对他来说是重要的，并随着时间的推移让他对我多一些信任。这也让我有机会评估和优化整个人事雇用和招聘流程。

在建立信誉方面，我们一次都不能缺席。暂时的行为可能会让别人对我们产生信心，但信任一定是建立在长期的行为的基础之上。如果我们不把眼光放长远，我们的信誉就会受到质疑。就比如切尔西那次的爆胎事件，第二个修理师为长期的合作关系放弃了短期收益（销售一套新轮胎）。由于他愿意把眼光放长远，不仅我的朋友公开表示将由他来满足她未来的轮胎需求，而且她也可能会让许多她的朋友选择那里。

适应当前的情况

建立信任往往意味着适应新情况和新人群。假设你有一个老板，他把持续不间断而且频繁的沟通作为建立信任的标志，那么你可以通过每周提交工作报告来获得信任，且每次参加会议都充分组织好内容，把自己的议程安排妥当。他喜欢积极参与决策过程，所以你要为他提供选项并协同决策。这样，建立信任的过程就会进展得比较顺利。

然后你换了家机构。

你的新老板对信任给出了不同的定义。他的方式是给你设定一个最终的目标，由你决定你将如何到达那里。只有你在遇到障碍时他才会想要去获悉情况，而不是要你随时报告进度或是去参与所有细节。事实证明，你频繁沟通的行为可能会破坏你在新角色中的信誉。这种观察和重新定位自己的能力通常被称为情境意识。

我记得曾和一个有才华但没有太强适应力的客户主管一起工作。在经营自己的公司多年后，她加入了我们的销售团队，并迅速达成了一些非常有创意且带来收益的交易。她在客户方面拥有丰富的经验和非常良好的信誉。

后来，我们需要一个销售领导，她自然就是一个合适的候选人。当我们开始面试过程时，她的销售技巧很显然是无可挑剔的。她似乎就是那个理想的候选人。然而，在更近距离的考察中，我们从她同事和上级领导身上了解到了更多的东西。尽管她的工作业绩超过该地区几乎所有的销售人员，但与她合作过的同事们并没有给她这么高的评价。他们抱怨她充斥着优越感的言论，并经常把他们置于紧迫模式，直到后来才发现，这大概是让他们遵守她的时间计划的一个小伎俩。

当我们与他人交谈时，发现她是一个优秀的销售人员，但她和每天一起工作的人相处不是很好。她的上级领导决定推迟她的晋升。当我和她分享这个消息时，她极度失望。她表示，她从来没有被告知过她有信誉问题，并且也成功地经营了自己的公司很多年。

虽然这位销售专业人士非常有才华，作为一个单打独斗的天才，她可能获得了足够的信誉，但她的新情况要求她能适应与更大的团队合作。突然面临与别人合作的形势，她还没有准备好，包括适应其他人的时间表、技能水平、性格和优先事务等。她过分专注于自己的工作议程，而不是整个团队的议程。因此，她的信誉受到了质疑，她错过了这次晋升。

当我们失去信誉时，我们总是会付出相应的代价。虽然有时放弃它很诱人，但仍然有某些理由促使我们去维护它，哪怕是在信誉受损或遭受怀疑的情况下也要不断地去追求它。我在想，我的朋友切尔西一开始去的那家轮胎商店的修理师，是否能意识到这些。

●●●

我的朋友采纳了第二个修理师的建议，最后节省了近八百美元。她也打电话给了原来的商店，不仅取消了维修预约，而且表达了她的失望。

“我可以找一下你们经理吗？”她拨打电话后问。

“他不在，不过我能帮上您什么吗？”我的朋友听出了声音，接电话的人就是那位试图让她花一千美元购买不必要轮胎的修理师。

“我有个事情想和你们说一下，”她回答，“昨天，我有一个轮胎穿孔，去了你们那里，你告诉我，我需要买一套新的轮胎。”

“是的，我记得。”

“是这样的，我现在只是想给你一些反馈。我去了另外一家店，他们不仅发现你量错了我轮胎的胎面，而且他们还说我不需要更换整套轮胎。最后我只买了一个轮胎，并将胎面打磨到能匹配其他轮胎。我就是想让你知道，整件事给我的感觉就是你想占我的便宜。我也希望是我理解错了。”

我的朋友后来告诉我，她预计要么被直接挂电话，要么听到对方一些尖刻的话。

“小姐，”他在电话里说道，“不好意思，现在你还想要我做些什么呢？”

“实话说，你可能什么都不用做了，”我的朋友说，“但我感谢你听完我的话。”

一旦你损害了自己的声誉和某人对你的信任，想重拾这一切可就难了，这绝不是一朝一夕就能达成的。对我的朋友来说，再找一个轮胎供应商并不是太难的事。然而，在合作关系方面，合作伙伴并不是那么容易被取代的。如果你已经破坏或失去了某人对你的信任，或者如果你需要具备额外的有利品格和竞争力，那么从今天就开始用行动重拾你的信誉。

如何应用

行事为人让他人能够信任

如何用行动提升自己的信誉呢？

1. 选择你希望提升信誉的角色或情景。

2. 选两到三个你必须要赢得他们信任的人。

3. 看看下面列出的几项素质，然后添加你要赢取信任的人可能会看重的其他素质。

4. 自我评分，基于你所选的人可能会给你的评分。

品格	较少									较多
诚实正直	1	2	3	4	5	6	7	8	9	10
包容谦逊	1	2	3	4	5	6	7	8	9	10
体贴、考虑周到	1	2	3	4	5	6	7	8	9	10
忠诚	1	2	3	4	5	6	7	8	9	10
尊重他人	1	2	3	4	5	6	7	8	9	10
________________	1	2	3	4	5	6	7	8	9	10
________________	1	2	3	4	5	6	7	8	9	10
能力										
不断做出成果	1	2	3	4	5	6	7	8	9	10
持续提高技能	1	2	3	4	5	6	7	8	9	10
做出承诺，言行一致	1	2	3	4	5	6	7	8	9	10
自信地表达想法	1	2	3	4	5	6	7	8	9	10
目标明晰	1	2	3	4	5	6	7	8	9	10
________________	1	2	3	4	5	6	7	8	9	10
________________	1	2	3	4	5	6	7	8	9	10

在每项得分低于9的类别下，请他们针对你要如何提升信誉分别给予反馈。

实践 4

扮演好你的角色

你有没有发现，你在生活中某个领域的成功总是需要以牺牲另一个领域为代价?

如果确实如此的话，你或许要考虑实践4：扮演好你的角色。

当你不能扮演好你的角色时，结果可能是：

- 你不断感到生活失衡，常怀有内疚感。
- 你可能忽略某个重要的角色太久，导致一些关系受到了难以弥补的伤害。
- 生活最终是一无所获。

几年前，我的一个好朋友雷切尔离婚了。她的前夫留下了一大堆债务给她，债主大部分是她在社区认识的人。这位带着两个十几岁女孩的单身母亲成为了家里的唯一支柱。她的父亲建议她考虑申报破产，但她强烈地想要履行对自己所尊重之人的承诺。为此，她把更多的时间花在了工作上，放弃了所有她以前曾经很享受的空闲时间。她每天早上七点钟出门，确保把她的女儿们都到学校，而晚上七点钟之前很少回家。回家后，也总是快速吃晚餐，在与孩子们简单打过照面后，她又继续工作，直到深夜。她的女儿也在当地的快餐店打低薪小时工。这样的生活过了几年之后，她发现自己错过了女儿生活中的重大事件，在疲惫的身心状态下，她为此越发心烦意乱。

一个星期天晚上，当雷切尔在准备像马拉松一样不得停歇的又一个工作周时，她意识到自己必须做些改变。她向女儿宣布，她将减少几个工作项目，重新调整她觉得有义务偿还债务的比率，并承诺每天五点半回家吃晚餐。她的一个女儿回答说："你什么时候回家都没关系的，妈妈。就算你人在这里，你心也没有真的在这里。"

●●●

如同我的朋友一样，我想不到有谁在试图平衡他们在生活中扮演的所有关键角色时可以毫不费力。但我知道很多人做出了有意识的选择，找准他们最重要的角色，并注意他们在每一个角色上的分配。因此，他们获得了更大的平衡感、成就感，还有最重要的，他们建立起了更加深厚的关系。

当我说“扮演”你的角色时，我不是指你依照现成的脚本出演它们，或者去假扮。扮演好你的角色意味着，通过你所做的和所说的来表达你最真实最深刻的价值体系。即使演员被赋予一段虚构的内容去演出，也只有在他们将自己最真实的那部分带入角色时，他们才能真正触及到这个角色本身。最近，我有机会看到一出我最喜欢的戏剧，记得一位剧评家曾给了该剧主演一个五星评分，那个评价是这样写的：“她真实地将她性格中最重要的品质赋予了这个角色。”这一评价与我上面的观点是契合的。

即使我们大多数人不是专业演员，当我们评估如何扮演好我们的角色时，用演员和舞台来打比方还是形象的。威廉·莎士比亚有一句名言：“全世界是一个舞台，所有男男女女不过是一些演员；他们都有下场的时候，又都有上场的时候，一个人一生中扮演着很多个角色……”

回想你在生活中扮演的许多角色：领导、邻居、团队成员、孩子、家长、朋友、教练、兄弟姐妹，等等。想象一下，对我们所扮的主要角色，如果我们有机会了解他人对我们表演的评分，我们会得到多少颗星？看看下面四个人以及他们在自己不同角色中的表现得分。

销售领导者★★

玛丽亚充满热情地投身于领导角色。她想要成功，对现状的不满也正体现了这一点。为了取得成果，她干劲十足，但常常忽视团队成员的需求，团队成员希望她能慢下来，并且投入时间精力在他们身上。

朋友★

朋友的晚宴聚会上，艾莉森说好要带开胃菜。每个人都准时来了，只有艾莉森没到。这是她的一贯风格，所以她的朋友们就提前准备好了一个备份开胃菜。艾莉森虽然善良可爱，却有个不靠谱的名声。

生意伙伴★★★★★

莎拉的一个业务伙伴想要开发一个核心产品之外的应用程序，但由于截止期限快到了，对莎拉来说，假如砍掉这个业务伙伴，事情本来会方便一些。但是相反，莎拉决定坐下来，花时间听他们怎么说。令她感到惊讶的是，她的合作伙伴已经对接到国外一个富有创意而且经济实惠的团队，且最终在开发应用程序时帮助他们解决了核心产品相关问题。莎拉在她的这个角色上表现优秀，放弃了自己的偏见来考虑另一方的观点。

家长★★

威廉是三个男孩的父亲，孩子们都很珍惜和父亲在一起的时间。为了与一个取得成绩的同事竞争，威廉接受了他并不是真心想要的晋升机会，而新的职位要求他付出更多的工作时间，同时还要有大量的出差。当威廉独自一人住在酒店房间时，他的选择与家庭出现了矛盾，他无法在儿子生日时陪在儿子身边。

虽然定期对我们的角色进行认真评估会有帮助，但我们往往只会在生活中最有意义的里程碑事纪上（生日、葬礼、毕业等等）才坐下来做总结。澳大利亚临终关怀护士邦妮·韦尔以独特的方式体验了这种反思。她花了好几年的时间照顾生命只有最后几个星期的病人。在他们对自己所扮演的各种身份角色进行最后回顾时，她与他们进行了许多的对话。她在她的作品《临终前最后悔的五件事》中详细介绍了这些经历，韦尔注意到，在生命的最后阶段，人们表达自己遗憾时都有着相似的模式。她列出了谈话时提到最多的五大临终遗憾：

1. 我希望我一直都有勇气追求自己真正想要的生活，而不是活在别人希望的生活中。

2. 我希望我以前没有那么拼命地工作。

3. 我希望我一直都有勇气表达自己的真实感受。

4. 我希望我一直都能用心和朋友保持联系。

5. 我希望我一直可以选择让自己活得更快乐。

尽早地评估我们所扮演的角色，对我们是大有好处的，将让我们的生命发生改变。为了更好地扮演你的角色，你需要首先认识它们，然后确定你想在每一个角色中真正做好什么。

认识你的角色

当你考虑到你目前在工作和家庭中扮演的角色时，要留心你究竟有多少个角色。如果你有看过一个女人或一个男人的单人表演，那么你会看到一个有才华的演员独自一人就可以无缝地完成不同的剧情。但无论他们多么有天赋，演员都不可能在同一时间同时扮好所有的角色。不幸的是，我们都高估了我们同时专注于多件事情的能力。同时从事太多角色带来的唯一结果就是平庸。例如，作为项目负责人这个角色，当一个员工因为他的心事向我电话倾诉时，我一边假装在听，而另一边我却在构思一封重要的电子邮件。当我尝试多任务同时进行时，我没办法把自己的关注或真实感受全部分给其中任一角色，而其他参与者也一定会察觉到。

我最重要的一些角色是父亲、儿子、祖父、领导、配偶、社区志愿者和商业教练，其他一些职业角色还包括团队领导、作家、会计师、助理、老师、软件工程师、营销经理、律师、顾问等。个人角色可能是足球教练、配偶或生活伴侣、临终关怀志愿者、艺术家、游泳者、朋友或环球旅行者。你得决定哪些角色需要你在任何特定时间给出最大的关注。记清楚，这不是说要你在每个角色上花费同样的时间（大多数人每周工作的时间要比在爱好或重要的关系上花费得多），而是要时常把最重要的角色排在心中第一位，并确保从长远看是总体平衡的。要意识到有一些角色与你相伴一生（父母、合作伙伴、朋友），而其他角色可能就会随着时间的推移而变化（工作、社区、志愿者职位等）。通常我们的长期角色总是那些让我们体验到最多性格发展和关系成长的。

选择有意义的角色，不能是别人为你选择，而是你根据你的价值体系进行选择。但有时候，特别是围绕职业选择，我们最终会接受别人为我们优先推荐的角色。

我有一个好朋友，她的爸爸保罗经营着一个成功的家庭面包房，她是看着爸爸做面包房生意长大的。面包店业务是一个时间密集型的行业，而且是体力要求很高的工作。保罗每天早上四点起床开车上班，每周工作六天，每天都要扛十几公斤的面粉袋，称量做面包的材料，揉面团，这一切要在七点面包店开门之前完成。早上高峰期忙完之后，他会清理烤箱和厨房，准备迎接午饭时间的客户。这样的一天中，他要在炙热的烤箱和冷冻柜之间来回走动，准备食材和冷冻面团，从上到下完全清洁厨房（包括各种碗盆、搅拌机和器具），第二天早上这个过程又会重新开始，周而复始。大部分工作是保罗独立完成的，只有一两个员工协助他或帮忙招呼前台的客户。作为一个有两个孩子的已婚男子，保罗需要为家人提供温饱条件，同时他也需要在店里看顾年迈的父亲，他的老父亲为了店里的生意一直都辛苦地工作。虽然持续担任丈夫和儿子这两个角色对他来说非常重要，但保罗在面包店工作得并不开心。

保罗的这份工作不仅艰苦乏味，而且长时间在店里抽不开身，意味着他只有很少的时间能与家人在一起（而当他和家人在一起时，他又累得没力气和他们互动交流）。保罗是一个外向的人，喜欢身边有很多人围绕着他。在面包店后厨独自埋头工作的氛围里，他骨子里的社交天分得不到施展。随着时间的推移，保罗变得更加疲惫和沮丧。虽然作为一个好丈夫、父亲和儿子是他最看重的价值观念的一部分，但他意识到他失去了适当的平衡。面包店消耗着他的自我，他没有任何其他的时间和精力旁顾。人到中年的他做了个激进的改变：他卖掉面包店，去做了一个纸品推销员。表面看来，这似乎是一个奇怪的职业选择，但保罗突然比他多年来要快乐得多。他有了规律的上下班时间，远离了他以前对体力方面要求很高的工作，他用上了自己友好外向的人际交往技能，并在新的领域开辟了一条成功的新道路。最重要的是，他在工作上更加有满足感，因此在配偶和家人面前更加从容。当我们所扮演的角色与我们内在需求不一致时，就值得来一次彻底的改变。不要忘了那些站在生命终点之人的头号遗憾：我希望我一直都有勇气追求自己真正想要的生活，而不是活在别人希望的生活中。

事情往往有两个极端，一个极端是同时专注于太多角色，另一个极端又会变得过于短视——在一个角色上表现出色，却牺牲了别的角色。例如，我的一个同事鲁本，作为一个年轻的管理者，分享了自己在平衡不同角色时的挣扎。他在接受了新的角色之后，突如其来的各种责任几乎压垮了他的生活。他的每一天，就像他所说的那样，“扑灭火焰并杀死巨龙”。一天工作到很晚的时候，鲁本被一个预约提示提醒打断了工作。他查看了他的日历，看到他原计划是要和妻子和孩子拍家庭合照。他知道妻子已经签了一个可以拍多张全家合影的套餐，他决定取消这个预约。他打电话给他的妻子，尽管这个临时的取消稍嫌太晚，但他解释说，他办公室里有太多的工作要做，需要她重新安排预约。妻子回答说，她理解他的工作，并会处理好这件事。既然他的日程已经排开，鲁本就又回到工作中，并欣慰自己最终设法赢得了一些时间。

几个月后，在圣诞节那天，他和家人坐在一起拆礼物。鲁本拿到一份礼物，上面写有他的名字，打开后发现是一个漂亮的相框，装着一张全家福。但照片缺了点什么——鲁本！他的妻子，当时出于好意，最后还是决定继续赴约了。当他盯着照片时，注意到自己的缺席，他意识到他在工作角色上的专注已经开始影响他作为丈夫和父亲的角色。一张全家福，却没有他的身影，这是一个不太温柔的提醒：他的优先事项弄错了。“我忘了对我来说最重要的东西，”他回忆说道，“工作可以等一等，但有些事作为我家人生活的一部分，不能等。我从此再也不想错过任何拍全家福的机会了。”

鲁本表示，他也没有意识到在预约时间前三十分钟才取消计划造成的影响。带着三个六岁以下的女儿，他的妻子花了数个小时来给女孩们洗澡，做头发，穿上新购的衣服，接下来还要努力让她们维持做好的造型。我的朋友没有退后一步，去考虑全局，而且也没有认清单单专注一个角色将会如何影响其他角色。那张全家福仍然挂在他的办公室里，作为提醒。

在确定我们角色的优先顺序时，人们可能容易认为工作就是让我们失去平衡的罪魁祸首。但我深信而且已经看到，你可以在你的职业角色中全情投入，积极参与及高效产出，同时也可以在你的个人角色中出类拔萃（两者都可以有五星好评）。这是一个考虑优先的问题，可能意味着放弃一个爱好，一些下班后和同事们的活动，等等。说来就是，你必须在某些时候适当做出取舍，总要铭记一点：平衡是一切的关键。

一旦你确定了最有意义的角色，你就可以确定如何以及何时在这些角色中现身。关于优先事项和专注重点，请考虑空中交通控制人员是如何让飞机着陆的。在任何特定的时刻，可能有数十架飞机在运动滑行、起飞或着陆。每一架都非常重要，控制者必须注意到雷达上的所有飞机，但将注意力平均分配到每一架飞机上是错误的（也是不可能的）。在着陆的关键时刻，控制员需要把全部专业才能、专注力和专业知识放在一架飞机上。为了卓越地服务所有的飞机和乘客，控制员必须一次只专注着陆的这一架飞机。因此，这就是我们最重要的角色：我们不应该忽视它们传给我们的雷达信息，但我们也应该准备好在任何特定的时间充分关注最需要我们的那个。

确定你在每个角色中的投入

我们每天都要执行多项任务，所以开始用任务列表的方法去思考角色可能比较容易。但这是一个错误的方法。你要担任的角色远不止这些。我们的角色绝不仅仅是我们所做的，同时也是我们的价值观和我们意识深处自己是谁的显像表达。角色需要的不仅仅是完成任务，它们也需要“成为”。任务是一项通常具有开始和结束的事项。“成为”是一个持续的价值或品格，我们正在努力成为或努力变得更好。想一想，我们想象中的评论家在我们的角色行动时会写一个评论。那个评论家会怎样描述我们的角色——我们的品格素质？我们是自我服务还是无私奉献？雄心勃勃还是和蔼可亲？狂妄或谦和（或两个其他反对词）？如果一个外部观察者不能将我们的行为与我们的价值观联系起来，那么我们就是做错了一些事情。当我们确定好自己的各种角色时，可以起草贡献宣言，这样做有助于坚持我们的价值观，并确保我们正在做最重要的事情：建立和维护我们最重要和最有意义的社会关系。

我们想要如何践行每个角色的贡献宣言，为我们的个人使命宣言奠定了基础。个人使命宣言表达了我们的目标和价值观，并成为衡量我们生活中其他一切的标准。考虑下述一些角色的贡献宣言，以及它们如何与每个人的基本价值观相关联。

父母：我将创造一个充满无条件的爱、安全感和赋于权利的地方，让我的孩子能够释放自己的潜能，长大后成为负责任的人。

工程师：我会为我们社区的每一个人提供安全饮用水的新方法，并帮助制定方案，大大提高我们的回收利用率，从而使我们的星球健康发展。

经理：我将是培养公司下一代领导者的领导者。

建筑师：我将在我的城市创造艺术遗产。

朋友：我会耐心倾听，不多发表评判言论，并寻找各种方式去提供支持、帮助，更多地包容对方。

音乐家：我将确保艺术成为我们社区人们生活中的核心。

老师：我将努力发现并释放学生阅读和学习的热情。

项目经理：当他们想要很好地做成一件事的时候，我会是那个他们要找的人。

成年孩子：在我日渐老去的父母面前，我会更加耐心、亲切和照顾周到，并且每周都花时间去拜访他们。

商业培训师：我会把我培训的每一个人看作是有能力、有智慧和全面发展的，不是我需要去改进完善的人，这样他们就可以运用自己的潜力。

自我：对我的身体、情感、思想和精神上的福祉，我将一如既往地坚定维护。

请注意，我添加了自我这一个角色。航空公司安全程序指导你在紧急情况下首先戴上氧气面罩，这并不是因为你比周围的人更重要，而是如果你不照顾自己，你就不能帮助其他任何人。不照顾好自己，你将无法在别人需要时显身手，你无法全身心投入。花时间加深你对自己的了解——你的梦想、期望的贡献、品格素质等，还要牢记身体、心灵、社交/情感状况和精神生活的健康。

没有人可以告诉你，你的角色要如何去扮演或你应该做哪些贡献。这些角色或贡献对你而言都是独一无二的。为了赶上清晨的客户会议，我搭了个凌晨的航班前往芝加哥，当会议开始时，我感到有点迷迷糊糊。我们在一个华丽的会议室见面，配有一个大型的红木桌椅和红色的真皮椅子。房间有种拘谨的氛围。我们的客户走了进来，在我们介绍自己时，我注意到一个绅士——一位头发灰白五十岁出头的执行官——带着一个明亮的橙色笔记本。现在，我并不打算说这款笔记本带着一种微妙的色彩，代表着主人对新时尚的敏锐感觉，而是想说这是一种大胆、明亮的，带有一种胜利之感的橙色。鉴于会议室的旧时代装饰风格和会议的传统性质，这本笔记本或许就如同一个亮眼的霓虹标识。

当我们坐在桌子旁边时，我的眼睛会不自觉瞄向那个笔记本的封面。它肯定是在意味着某种东西，还是因为有点飞行时差，我过度解读了？然后我看到这位尊贵的绅士把他的手机放在了笔记本的旁边，这个手机被包裹在同样明亮的橙色保护套里面。

会议结束后，我走到这位男士跟前，感谢他接待我们。然后我实在没忍住，所以我还是提到了他的笔记本和手机。“这是一种独特的颜色。”我说道。

“是的。”那个男人微笑着回应。

“它有没有什么特别的含义，不知道你是否介意我这样问？”

男人点了点头。“事实上，它当然有它的含义。它提醒我无论在做什么，无论工作多么艰难，我还有另一个更重要的角色。”

这位经验丰富的执行官的答案让我感到惊讶。他对我的反应笑了笑，可能已经遇到过类似情景，然后他继续说道："我女儿从小就喜欢这种颜色。我不是太清楚怎样去解释，但她确实被带有这种橙色色调的东西所吸引。她太喜欢了，所以我的妻子和我允许她选择她卧室的一面墙壁刷上这种橙色。我们在一起花了一个周末完成它，这是我最喜欢的回忆之一。后来，我找到了有同样橙色的笔记本和手机套，现在我到哪里都随身携带着它们。无论我在工作遇到多少问题，如何不知所措，我总是能看到这些，而它们能让我想起我的家人。这只是一件简单的事情吧？但它能帮助我永远不会忽视我生命中最重要的事情。"

这段话令我印象深刻。这位执行官找到了一种独特的方式，来提醒他自己作为父亲这一重要角色。而我从这个简单而有意义的色彩符号来看，他也非常注重平衡他所有的个人和职业的重要角色，以确保自己有良好的表现。虽然我们被介绍过来帮助这个公司解决他们的问题，但我不禁去想，我可能已经获得了这次交易中更好的一半。这段经历让我想起了我的朋友雷切尔，以及她在平衡人生中所扮演的各角色的努力。

●●●

雷切尔女儿评论的这一事实，让雷切尔退后一步，检讨她需要扮演的其他重要角色，显然，她没有很好扮演母亲的角色。因此，她花了些时间评估她的做法。如同空中交通控制人员这个类比，雷切尔意识到，她正处于优先考虑一个角色（作为一个母亲）的关键时刻，与之同时又不能忽视其他角色。经过一番心灵探索，她有了一个很好的想法。她说服女儿们辞去快餐店工作，去兼职做她的一些行政事务。由于她的雇主经常聘请主持人和注册登记的人来参加她策划的各种活动，她问她的女儿是否可以承担一些工作。久而久之，那些长时间分别的日子变成了在一起工作的时间，家人联系更多，家庭成员关系的发展取得了长足的进步。我的朋友在必要的时候一直专注于她作为支持者的角色，因此，她设法抗住了一次严重的金融风暴。此外，她花时间退后一步，评估她在生活中的其他角色。她通过加强与女儿的关系，做出了有意义的变化，在不同角色之间找到了平衡。

如何应用

扮演好你的角色

1. 确定你的五到七个重要角色，一定要包含你的职业和个人角色的组合。

2. 对于每一个角色，找到你扮演的这个角色会对其产生深远影响的人（例如，如果是父母的角色，你会选择一个孩子；如果是领导者的角色，你会选择一个团队的成员）。

3. 以你所影响的人的角度写一小段话。如果他给你一个五星的评价，那个人会说什么？换句话说，你想在这个角色中做出什么贡献？

4. 确定本周你会做一件什么样的事，开始把理想变成现实。

角 色	受影响人员	贡献宣言
1. 母亲	女儿	在生活中，用行动向我的女儿表示她处于优先位置。
2. 领导	队员	我将用我的语言和行动向我的团队成员表明我相信他们的潜力。

角 色	受影响人员	贡献宣言
3.		
4.		
5.		
6.		
7.		

实践 5

不要只见幼苗，不见大树

与人相处时，你是不是经常得出“所见即所得”的结论？

如果确实如此的话，你或许要考虑实践5：不要只见幼苗，不见大树。

当你选择只看见幼苗，看不到它可能长成大树的前景时，结果可能是：

- 你局限的信念变成了现实。
- 自己和他人的成长发展受阻。
- 你在不断地寻找可能已经在你面前的人才。

朗达在不到30分钟的时间里给我发了3条短信，这绝对不是常态。可是我被困在一个重要的会议上，无法脱身，虽然她给了一些隐秘的暗示信息："我的团队正在做人事变动。快给我回电话。"

处理好会议的事情之后，在下一个会议之前我有一点空闲时间，所以我去了她的办公室。我感觉面对面的交谈可能好过在电话上说。我看到朗达在她的书桌上审查着文件材料，一只手上是黄色荧光笔，而另一只手握着红笔。她抬头目光越过鼻梁上的眼镜看着我，抬起一只眉毛。"这么说你今天在办公室啊。"她笑了起来。朗达认为，每个人都像她一样有多任务处理的天赋能力。

"不好意思，我当时无法回复你，"我说，"不过如果还来得及，我现在有几分钟的时间。"

"应该用不了太久。"她说。

我回身关上门，坐了下来。"有人事变动是吗？"我问了一句。

"差不多是的。我需要辞掉艾娃，不过我也知道我不能跳过人力资源所有程序。不论我们要走什么手续，都要让她离开。"她继续说，"我知道这样的事情有我们必须遵循的协议，那么我们了结这件事情的最快程序是什么？"

“好的，我知道你的意思了，”我回答说，“但我们可以慢一点吗？你能不能告诉我整个事情的原委？”

朗达叹了口气，把她的笔放下。“你知道有这么一句古老的谚语吗？‘一条锁链的强度取决于它最弱的那一环？’”

“我对这说法很熟悉。”

“事情很简单：艾娃就是我们团队中的那个薄弱环节。托德，她没有履行她应该履行的职责，我不知道她是没有能力，还是懒惰，再或者也许是两者兼具。但我知道的是，她没有什么成功所需要的能力，虽然这听起来不公平，可是我从其他人那里听到她基本上没有什么价值了。她没有做这个工作的潜力。”

●●●

朗达的情况当然不是仅此一例的。多年来，我和其他经理人也有过类似的对话，通常发生在他们已经基本上放弃了某个团队成员的时候。有时候，一个人真的出现角色错位时，是需要做出改变的。但是，在做出改变的时候，往往是要去思考的，很多时候事情并不真的在于错位。对某人的行为感到沮丧时就想要在小本子上记下这个人，这是我们人的天性，尤其是在他不按照你的想法做某项工作的时候。对于希腊语言教师约瑟夫·德根哈特而言，他因为一个学生的行为变得很愤怒——一个不听话的男孩，有常常讲笑话打断课堂教学的坏名声。德根哈特甚至把这个孩子从学校给开除了。他写曾写下一个毁灭性的断言：“你将来会一事无成，你在这里想入非非、心不在焉的样子破坏了全班学生对我的尊重。”

结果，那个学生是爱因斯坦。

不过，这个故事继续进行着。因为这样的不良断言，爱因斯坦差点儿没法进入大学。不管怎样，在大学里，他遇到了一个高年级的学生，他在爱因斯坦身上看到了巨大的潜力。那名学生的名字是米开朗基罗·贝索，他也学习物理学。像贝索这样的高年级学生对一个低年级同学感兴趣是不太寻常的，但他们的友谊成了爱因斯坦生活中最亲密的友谊。贝索不仅帮助处境艰难的爱因斯坦得到了一份工作，而且还经常与他进行一些有关科学的讨论。爱因斯坦发现贝索是一位真诚的听众，是他的那些关于宇宙的各种想法的积极倾听者。在与贝索的这些谈论中，爱因斯坦有了一个飞跃性的巨大发现——那个令人震惊的想法是，每一个物质原子中一定都包含着几乎无限的能量。这个发现带来了原子能的发现，并改变了我们如何来思考这个宇宙。贝索后来说，“爱因斯坦老鹰携着贝索麻雀翱翔，因为麻雀它能飞得高了一点。”现在几乎没有人记得贝索，但没有贝索相信爱因斯坦这只“老鹰”，这个世界可能就错失了一位人类历史上最伟大的思想家。

当我们看一个人的潜力时——无论是同事、直接下属、朋友、伴侣，还是孩子——都需要我们看到那棵有潜力的“幼苗”，并设想它可能长成大树。在其他人身上看到潜力，是能认识到成长不会在一夕之间发生，这是一个日积月累的过程。经过多年关注和帮助别人在其职业和重要关系方面成长发展，我已经相信人们从根本上是有智慧、有能力和全面的，而不是破碎、无能，或需要被修复的。

我想起我早期职业生涯的一个事件，我的领导看我并不只是看我这个人，还有我能力所能成的事。我被任职为在当时被称为柯维领导中心的招聘经理。这是在我被聘用之后第35天发生的事——虽然我不记得第34天或第36天有些什么事情，但我确实记得第35天，还非常清晰。在清晨的公司会议之后，我的领导帕姆向我介绍了一位高级领导团队的成员。我们在握手时，她宣布说："我来告诉你，托德在与我们相处的第35天时已经完成了什么事情。"

我有些恐慌，无法猜测她要说些什么：我想不到在过去35天里我曾经做过的任何一件事，会值得高级领导团队成员的关注。我的胃在翻腾，我听着帕姆继续说道："托德招到了芝加哥之前已经空缺六个月的销售岗，他已经草拟了一份我们需要很久的迁置企划，他为来年制定了一个招聘策略……" 我完成的事情的整个列表还在继续下去。

不过，我现在分享这个故事不是来吹嘘我的成就。我分享它，是因为我记忆中的这一时刻就像是发生在昨天一样清晰。虽然我确实完成了帕姆所描述的那些事情，但我惊讶于她对我在做的事情表现出的积极兴趣。我记得当时的想法，这个女人相信我能办成任何事情！这个信念引起了我今后多年的共鸣，我把超越她预期、超额完成她要求的所有事情当作一个优先事项。帕姆真的相信我——比我自己更相信我——而且我不想证明她错看了我。

有可能你一直受到认识和相信你潜力的人的认可——他们看到的是大树，不只是幼苗。他们可能是父母、兄弟姐妹、老师，甚至老板。柯维博士总结了他与另外一个人的一个经历，那是一个开启了他的人生之路最终成就了他毕生事业的人："他有能力看到比我自己了解的还要更多的我——他信任我，愿意委托我承担责任，这一切帮助我开发了我的潜力——开发了我内在的许多能力。"这个重要的经历引出了史蒂芬·柯维博士经常重复的一句话，“领导艺术就是明确地告诉人们他们的价值和潜能，并让他们自己能够看到这一点。”

你可能会记得在前面我讲过的，我努力帮助我的女儿西德妮跑完马拉松的故事。我清楚地记得，当她在还很小的时候，我们两个人去录像店。（如果你不知道什么是录像店，可以把制作了《纸牌屋》的奈飞公司想象成一个零售店，为了方便你看电影，他们公司所有的电影都被下载到大的录像带上。）西德妮当时才8岁，鉴于她失聪这个事实，她母亲和我是这世上仅有的两个可以毫不费力地理解她说话的人。然而，我这个已经是小大人的小女孩决定要自己去问录像店店员，找她想看的迪士尼电影。我马上变得焦虑起来，我不知道她无法表达清楚自己意思时这个陌生人会作出什么反应，而且陌生人对她的反应，反过来会对我的女儿造成什么影响？作为她的父亲，我想保护她免受她肯定会遭遇的痛苦，想保护她的自尊免受任何可能的创伤。但这个小女孩没有任何动摇，她坚定地走近柜台。她自信地道出她想要看的电影。可是她把太多词语挤到一起，导致她吐字不清，因为她没有小孩成长期通过听他人说话而学习到的常规词汇。

困惑的录像店员转过头来，无法理解她的意思：“对不起，你刚才说的是什么？”

我想跳过去替她解释，这个行为做起来会很容易，还能挽救她免于任何进一步的痛苦或尴尬。但西德妮继续强调，再次重复了她的话。店员看着我，想要我解释我女儿所要求的东西。但就在我要插嘴时，她抓住柜台的扶手，再次尝试。

“我很抱歉，我还是不太明白。”店员回答。我无法想象这个回应对我这个心爱的8岁小孩来说是个什么样的感觉。我只想她放弃，转过头来，只要她给我一个恳求的样子，我就可以插手解决这个问题。但是她没有。她吸了一口气，再一次尽最大努力让单词磕磕巴巴地从嘴里讲出来。这种沟通尝试了一遍又一遍。录像店员，很值得赞扬，继续最大努力去理解她。但每次都没有成功，他无法把我女儿试图说的话拼凑在一起。我看着，不确定该怎么办。我担心每次尝试都只会为最后的失败增加更多痛苦。我的女儿没有被吓住，做了第7次尝试。我很好奇这样来来回回的解释和困惑还会持续多久。这一次，店员的表情有了一些变化，他从我女儿发出的声音中设法听懂了一个词。

“美人鱼？《小美人鱼》？你是想要这个吗？”他问。

我女儿激动地点点头，店员拿起录像带时，她看上去像大功告成了的样子很满足。在那一刻，我意识到了我对西德妮的看法充满了限制性。她不是一个破碎、无能力或残缺的人。当然，她也有她的一些挑战，但我忘记了这个惊人的孩子，她从婴儿时就已经生活在残疾状态下。她已经学会了克服这样的困难，一次又一次。这个女孩有实力和潜能去实现自己生活中渴望的一切！当我发现女儿的潜能远大于我之前认为的，我的思维定式有了变化。如果我善意地去帮助她，就真是低估了她努力在做的一切。在试图帮助她的过程中，我可能会因此降低她的潜能，或许还会减慢她从一棵幼苗长成一棵参天大树的速度。失败是有力量的。独自站在录像店柜台前，没有人插手帮忙，西德妮才有机会去经历失败。当我克制住自己不上前时，这个行为给了她一个不一样的信号——我对她有信心。即使当时的情景把我吓得不能动弹，却也是一个偶然的机遇，让我认识到她所具有的能力。

看到别人的潜能，不是只说希望他们能够成功，而是相信他们具有无限的天分、能力和增长的机遇。它还有一个解读是，失败铺平了成功的道路——成长是一个持续的过程，可能需要一生。如果我们用长远的眼光来看，失败可能是一个指南或是一个反思的时刻，它可以增加成功的可能性，失败是成长的一个重要和必要的机能。

看到别人的潜能，不是说要你去奉承他人——不是说你要做一个嘚吧嘚的人，到处和人击掌告诉他们他们有多了不起。从另一个极端来说，看到别人的潜能也不是说去不断地纠正人家的行为，或者去关注所有阻碍了他们潜能的风险和错误。我的一位同事曾经描述过他的一些感受，感觉他的领导就像是一路跟着他跑，不断地告诉他该如何骑自行车：不要忘了戴头盔，记得看两边的路，注意车——你要撞上了！虽然感觉上我们是在帮助人，盯着人家不好的，以防他们掉链子，但其实我们并没有真正起到帮助作用。看到其他人的潜能，要求我们相信那颗种子，在合适的营养条件下，将成为一棵强大的橡树。

思考下列有关你如何看待别人的问题：

- 您是倾向于注意到他人的弱点，还是试图不断鼓励他们发挥其优势？
- 你是会特别注意人们做得好的地方，还是倾向于当他们失败时揭露出来？
- 你是鼓励人们奋发迎接新挑战，还是打消他们冒险的念头？
- 你是在第一次有失败迹象时插手纠正，还是给予他们时间和机会来展示他们能做什么？

> 这些问题的核心是理解我们可能对彼此都有影响。
> 我想起了有人曾经和我分享过的一句话：
>
> 在人生旅途之中，某些时候，我们内心的火焰仿佛熄灭了，这时，有一个人走进我们的生命，我们内心的火焰重新被点燃。
>
> ——阿尔贝特·施韦泽

我不知道你内心的火焰是否在熊熊燃烧，但我知道的是，看到别人的潜力是一种能力，而当一个人点燃另一个时，在接触的那一刻，两个最终都会闪耀得更明亮一些。我希望和我的同事朗达分享的正是这个观点。

●●●

我坐下来思考朗达的立场。当然，我需要承认有这样的事实存在，就是有时人们是会和他们的角色错位。但我不相信这件事是角色错位，至少目前是这样。“那么朗达，和我聊聊你自己吧。”

朗达似乎对这个问题感到惊讶，“我……？”

“我的意思是说，你是我认识的最有效率和效能的人之一。你一直是这样吗？”

“不总是这样，”她承认道，“但我的妈妈……因为有一位女士总是知道如何把事情做好。如果你在那样的家庭里长大，你就会学到一些东西，譬如说对任何事情任何人都有很高的期望。”

我点点头。“好像这样的经历对你很有利。”

“我觉得是，”她有所保留地说，“但我们聊的不是我。”

“我不是这个意思，”我回答，“但我想知道艾娃是否有类似的榜样去学习？”

朗达茫然地看着我。“老实说，我不知道。真的，我认为这个不是很重要。”

“好吧，这些足够了。”我这样说，“不过我想问一些你说过的事情，你提到，你们团队的成员认为她‘毫无价值’，我无法想像他们说的是她这个人没有任何价值，还是说她在她这个位置上没有价值？我想和你再确认一下，这个情况确实如此吗？她就没有做成过什么事吗？”

朗达耸耸肩。“那当然是有的。她对人很亲切，平心而论，她工作中遇到的有些是个性很强的人。”

“我听到过一些别人对她的正面评价，她是一个工作起来很好相处的人。”我说。

“即使如此，我们也是有业绩要达成的，”朗达补充道，“她也许为人亲切，但我需要事情能做好。”

“我的意思是，她完成了整个认证项目的线上迁移工作，且没有任何重大失误。”我补充说。

“确实是这样，”朗达说，“但问题不在于她的工作质量，而是我必须一直盯着她去完成。”

“所以，如果我理解正确的话，”我继续说道，“艾娃善于与人打交道，可以做高质量的工作，只是她不够积极主动，你需要花费太多时间来管理她。是这样吗，还是我有什么疏漏？”

“听起来差不多是这样了。”朗达答道。

“虽然艾娃有需要改善的地方，而且你不能继续花费所有时间跟进她的工作，但我想你不是在说你不愿意帮助人们成长。”

“不，我不是这个意思。”

“我也认为你不会有这样的想法。我想知道你是否能接受这个提议，把过去放在一边，再给艾娃一个月的时间？”我说，“我知道这听起来似乎是在放慢节奏，但听听我的想法吧，艾娃有良好的人际交往能力，有一些很强的技能，但她需要一些相关辅导去变得更加积极主动。我们来看看她可能做到什么或可能做不到什么。最糟糕的情况不过是，我们至少给了最后一次机会。”

“辅导？”朗达追问，同时还挑起了一边眉毛。

“嗯，我们要做出一个选择，是选择认为艾娃本质上无法胜任这个岗位，还是选择相信她是一个潜力没有被开发的人。”

“那么，你的建议是什么？

“你和她进行一次谈话。一开始，你就说你可以看到艾娃在她担任的角色中取得了巨大的成功，但在成功的路上有着一些阻碍。让她知道你重视她易于与人合作，并且欣赏她的办事能力，譬如在认证项目等方面，同时让她知道你需要她更积极主动。我觉得你甚至可能需要与她分享你对积极主动的理解。给她一些与她角色有关的具体例子。因为积极主动并不是她天生的个性，她可能需要你准确解释这个要求的具体含义，当你向她明确其含义时，她将从中受益。”

朗达想了想，点了点头。“我想我可以做到。”

四周后，朗达又来到了我的办公室。我知道她一直在和艾娃一起工作，我很想听到结果。

“怎么样了？”我问。

“说实话，一开始有点尴尬，”朗达坦言，“因为你提出我需要更好地指导我团队中的每个成员。但最后，我接受了你的建议。我告诉艾娃，我看到了她的潜力，同时也有一些东西阻碍了她前行。我也按照你的建议分享了曾经有一次我得到一些严厉反馈的故事。虽然当时有点受伤，但我最终能够做出一些改变，这对我的职业生涯很有帮助。”

“她是怎么接受的？”

“嗯，我在谈话中途意识到，一直是我在讲，而她没有说话。所以我停下来问她，对她来说在她的角色和职业生涯中重要的是什么。总体说来，这是一个很好的讨论，她也敞开心扉畅谈。我们谈到了积极主动的态度会如何帮助她实现目标，同时也表达了我的关切。虽然我还没有作出我的决定，但她开始用不一样的方式去做某些事情，我对此印象深刻。不完美，但她已经做了一些非常大的改进。”

“那你现在对辞去她这件事是什么看法？”

“如前所说，她没有摆好她应有的位置，但是她已经有了一个了不起的开始。我希望事情会继续好转。”

如何应用

不要只见幼苗，不见大树

当你相信别人的潜力时，你可以帮助他们更清楚地看到他们有能力发挥优势和天赋，最终让他们成为他们想成为的人。

确定两三个人，努力发现他们的潜力。记录你对每个人的能力、才能、技能和做事风格的评价。回答下表中的问题。

关 系	狭隘的看法或思维定式	挑战你现在的想法：他们哪些事情做得好？他们实现潜能需要些什么？（新的环境、培训等）最支持他们的人会怎么谈论他们？	我可以做什么来支持这个人？
泰 勒	泰勒是一个追随者，不是领导者。他缺乏让众人想要追随他的信心，他需要这样的信心。	● 泰勒对每个任务都会跟踪。他准时，他不会闲聊别人的八卦。 ● 泰勒需要能给自己信心的少量领导经验。他需要更多关于他现在做得好的积极反馈。 ● 如果你给他机会贡献才智的话，泰勒可以做任何事情。他内心善良，诚信正直。他是你可以指望的人。	1. 给泰勒写一张我看到他做得很好、表示赞赏的卡片。 2. 考虑下个季度给泰勒一个小项目去领导。

实践 6

避免弹球综合征

你是否总有这样的感觉，一天忙到晚却好像没有做成任何一件真正有价值的事？

如果确实如此的话，你或许要考虑实践6：避免弹球综合征。

如果你无法避免弹球综合征，结果可能是：

- 当你意识到大局已定时，已经为时太晚。
- 你一直忙于到处救火，却不知道花时间从源头上阻止火灾发生。
- 你从来没有真正赢得弹球比赛，但活得就像那颗不停歇的球。

梅丽莎很在意自己是不是对这个世界有着积极的影响。在过去20年的职业生涯中，她一直在努力工作，现在领导着公司一个关键的渠道，有几个直接下属。所以当她团队的资深成员加勒特找到我的时候，我有点惊讶。“你知道的，我相信梅丽莎是个好人，”他轻声吐露，让人感觉明显有些沉甸甸的事情压在他身上，“我在许多层面上真的非常感谢她。但我对我们合作的方式有一些担心。说实话，十年来我第一次开始考虑换到另一个部门去。”他和我分享了许多心事，并且同意我找梅丽莎谈谈，在这之前，梅丽莎取消了好几个和他的会面。而这样的事情正是他一直以来在经历的。他继续告诉我，他不是唯一一个有这类感受的人。这印证了某些我曾注意到的情况。我感谢加勒特的坦率，并表示我将在第二天与梅丽莎约好的会议上聊聊这个话题。

我和梅丽莎在我办公室碰面，经过几分钟的愉快交流，我问她是否同意我们来花点时间讨论一个没有列在议程上的问题。“当然可以。”她回答。如果她感觉到她的团队出什么茬子了，那么她就不会是现在这个表现了。“我的待办事项列表中有很多事要做，但我永远可以为你留出几分钟时间。”听到她这么说，我微微笑了笑。多年来我听到很多人说过类似的话，只有梅丽莎说的，总是那么真诚。

“谢谢，”我继续说道，“我一直犹豫要不要和你分享这个反馈意见，因此我想要确保我真正理解了我想传达的内容。我希望你了解，我与你分享这个的唯一意图，是帮助你取得成功。”

“说吧，”梅丽莎说着，从椅子上往前靠了点，“你现在让我有点紧张了，不过你还是继续说你的。”

“加勒特昨天来到我这里，分享了一些他和其他团队成员都有的想法。他很沮丧，在这儿工作十年了，他开始考虑调换到其他部门。”

“啊！你知道这是我最不希望发生的事情。”

“我知道的，如果可以的话，我很想帮上你的忙。你介意我说说我的一些观察吗？”

“当然不介意。”

“所以梅丽莎，在你身上，我看到的是一个对自己的工作和公司充满热情的人，虽然你已经有了那么多成就，但你没有给人一丁点的自负感。而且你一直都在达成你的部门目标，不过，在这个过程中，我猜，你可能失掉了你的团队成员们的人心。”

梅丽莎皱着眉头。“这都是加勒特说的吗？”

“他并没有说这么多话，但我认为这准确地反映了他的感受。虽然我不相信他人对你工作意图的任何质疑，可是也有一种感觉，就是你过多专注于任务而忽略了他人。我想知道这是不是你总是取消那么多与你团队成员的会议的原因。加勒特来到我这里的原因之一，就是他无法登上你的日程表。”

“听到这些真的很难过。”梅丽莎回答说，她的电话叮地响了一下。她低头看了一眼信息，我等待的时候，她浏览了短信内容，然后就让她的设备安静了下来。“很抱歉，但你也看到了我有多忙。在一个完美的世界里，我会很乐意和我团队中的每个人定期进行一对一的会议，我真的会这样。但可惜那不是我的现实。老实说，我只是没有时间。”

●●●

在最近一次开车去上班的路上，我不禁注意到旁边一个车道上的司机似乎非常赶时间。在每一个十字路口，我们都在等待交通灯变换。但是，在每一次绿灯刚亮的时候，他一脚踩上油门，飙过十字路口，追上远处的汽车队伍。然而我呢，怀着人们追午夜剧场那种亢奋心情，也适当加快速度。当我到达前面的通勤人士队伍时，我紧挨在那位心急的司机旁边（他的500米冲刺没有让他赶上前面的绿灯），等待交通灯再次改变。透过余光，我看了这个男人一眼，他在座位上身体用力前倾，盯着信号灯，仿佛以为自己通过一种纯粹的意志力能让它变成绿色。灯变了，男人冲到前面。我又赶上了他。我们一次一次路过十字路口，从红灯到绿灯，这种前前后后的节奏继续了好一段时间。我想知道这位司机是否能发现他的方法是徒劳的。

这个经历使我想到了我们在自己的生活中追逐着类似的红绿灯，猛踩油门，飙过一条又一条的街区，甚至没有留意到对我们周围的人有什么影响。要是这样的过度专注限制了我们后退一步检视道路本身呢？只是由这条路带着我们走到哪里算哪里吗？正是在这样的想法下，我认真思量了我前公司的一位已故合伙人。事情就发生在他的葬礼上。

在一个灰色冬日的下午，我默默回想这位安息之人的一生。他大部分的人生都投在了他创立的公司，并获得了许多职业成就与认可。创办公司需要花很多时间；各种各样的紧急事务，多得处理不过来，处理紧急事情常常对一家公司的成败有重要影响。我想起多年前我和他的一次谈话，他提到，他原以为那些紧急事务只是一时的，但令人遗憾的是，它们成为了他生活的常态。这种不平衡的生活已经持续了30多年了。

我听着悼词中关于他的一些似乎不痛不痒的评论和他对工作的热忱，我惊讶地意识到，两三天后生活将会照旧继续。那些待办事项清单、会议、客户访问以及组成他一个工作日的所有活动，都将很实际地由别人接手过去。这份工作会继续进行。然后我注意到这个男人的家庭：颂读那些稀松平常的悼词时，他成年的孩子正襟危坐，他疏离的前妻和她的新丈夫坐在一起。在他们的后面，是一排很空的座位，显示着糟糕的来宾人数。这是一个曾经努力工作，升职到一个重要且受钦慕的职位之人的葬礼——全世界出差，管理团队，并取得了常人眼中所谓的成功。然而看着他的家人，似乎他所有的专业成就和所有的迫切事务，好像都付出了沉重的代价。

我将这次经历与当年早些时候出席的另一场葬礼进行了对比。那位已经长眠的女人之前在她的公司担任行政支持助理。她从来都没有一个突出的头衔，未曾管理他人，或者出差到一些有趣的公司业务场所。然而，她似乎体现了我在这本书中想要写的原则。她的儿子甚至提前了他的婚礼，就是为了让她能在去世前参加这一重要活动。在她的葬礼上，坐满了同事、朋友、家人和那些生活受到她积极影响的人。整个聚会过程都充满了感恩与爱，故事一个接一个地述说着这个平易近人的女人一直以来怎样把自己的时间精力投入到他人身上。虽然告别她很难过，所有参加葬礼的人离开的时候都有这样一个印象，那就是，这个美丽的灵魂经历了一个美好的人生。

反思这两场葬礼，我觉得这两个人之间的主要区别是他们的优先考虑事项。一个人因为紧急事务有意无意地牺牲着重要的关系。另一个人一直把关键关系当作她一生成就的一部分。这让我好奇：是什么让我们远离那些我们认为真正重要的东西？为什么我们愿意为了一时去交换永恒？我们迷失在紧急事务中，导致自己在重要的事情上让步，就是我所说的弹球综合征。

关于弹球游戏，虽然手机上有很多弹球游戏的应用软件，但我具体指的是在七十年代末和八十年代初期盛行的游戏。那些精美制作的机关，代表了幻想、机械和电子的糅合。这是它们的工作原理：弹球玩家的目标是使用两个或更多的镊子（小型活动杆）将金属球发射到许多目标上，积点数，并解锁各种奖励。这些视觉上精美的游戏旨在吸引感官：大记分牌灯光闪烁追踪着进度，而小钟叮当响，保险杠发出砰砰砰砰声，弹球哔剥哔剥滚动在木材和金属轨道上。这是一种非常发自内心的体验，这些视觉和声音很容易吞没一个人的感官，需要玩家全神贯注。最终不管怎样，随着球滑过疯狂摆动的杆子，跌到视线之外，重力赢得这场比赛。但是不打紧，因为总是又会有一个新的弹球准备好进入轨道。我们所要做的就是将活塞往后拉，再将其弹送出去。

事实上，在几乎每一件值得花时间的工作或职业生涯中，我们都可能会陷入弹球综合征。想像一下，把弹球机比作需要我们全天注意的所有事项。虽然我们可能不觉得完成这些任务是在玩游戏，但我们可能会为了完成它们而不知不觉地想要（甚至受到诱惑）去加快步伐和集中精力。我们在查看待办事项清单中的下一项任务时，体内会有一种产生内啡肽的冲动，我们很容易看出紧急的事情是如何令人满足的，甚至有时会让人上瘾。挑战在于，一些紧急事情可能也很重要，而我们容易赋予所有事务同等的重要性。因此，我们最终可能花费一些时间和精力在不那么重要的事情上。

紧急事情在我们的生活中时常发生，它们争夺我们的注意力，亟待我们的回应。想想1972年12月29日，从纽约飞往迈阿密的美国东部航空公司401航班的可怕例子。这架大型喷气式客机满载着假日乘客，开始向迈阿密国际机场正式降落。当机组人员拉下把手放下起落架时，其中一盏灯没有变绿。

显示机鼻起落架的指示灯没有亮起，这意味着要么是前轮没有安全地放下来，要么是被锁在了原来的位置上，要么是灯泡本身已经烧坏了。飞行员用无线电联系控制塔："您好，控制塔，这是东方401。我们可能要绕圈了，我们的机鼻起落架的指示灯上还没有亮。"

控制塔指示飞机改变它的路线，爬升到两千英尺。他们将自动驾驶仪设置为循环飞行模式，然后将注意力转移到处理指示灯上。机长和副驾驶试图更换灯泡，但发现盖子已经卡住了，无法把它取出来，之后，工程师也加入了进来，但同样也无法让灯亮起来。副驾驶建议他们使用手帕来获得更好的抓握力，但不管他们后来尝试了什么，都没有任何作用。工程师最后建议用钳子，但警告说如果他们硬来的话，最终可能会破坏里面的机械装置。机组人员一直没放弃，边咒骂边努力把灯泡弄出来换一个新的灯泡。

驾驶舱的声音记录仪捕捉到了第二副驾驶的话语，"飞机的飞行高度改变了。"

“什么？”机长困惑地回答道。

“我们还在600米的高度，对吧？”副驾驶问。

机长说完他人生的最后一句话：“嘿，这里发生了什么事？”

麦克风捕捉到了飞机飞向大沼泽地的声音，机组人员以及机上搭载的101名乘客丧生。

报告称，飞行员的失误是坠机的原因，并指出“在四分钟的时间内，机组人员未能监控仪器仪表，没能尽快发现飞机意外的下降，导致了与地面的撞击。对故障的过度关注……分散了机组人员对仪器仪表的注意力，从而造成了对降落速度的忽视。

虽然这个例子是极端的，但是解决起落架指示灯的问题确实迫在眉睫。然而，飞机安全着陆才是至关重要的。不幸的是，在他们急于解决紧急情况时，机组人员们被分散了注意力，无意中忽略了最重要的事情。

在工作场所，人们往往很容易识别出紧急问题，比如拿起电话，回复短信，或者点开一封电子邮件。但是，正如401航班的例子所表明的那样，把紧迫的事情和重要的事情混为一谈的趋势可能会产生长期的后果。就像弹球机给我们递的下一个球一样，这是一个持续向我们施加的紧迫压力：我们倾向于优先处理紧急事务。相比之下，重要的事情往往更需要我们采取行动。重要的事情是那些构筑我们价值观，并与我们的最高目标保持一致的事情。它们是有目的的、长期的，而不是临时的和短暂的。在几乎所有的重要事项中，它们都包含了重要的关系。

弹球综合征的本质是将紧迫感与重要性混为一谈。而且由于公司往往会奖励紧急行为（因为它们本身很容易识别），所以这样的工作能提供一个强有机的动力来拉回来柱塞，并在结束一轮之后又开始进行下一轮游戏，循环往复。当然，会有需要我们注意的紧急事情。许多事情既紧迫又重要。当我谈到避免弹球综合征时，我并不是提倡我们要完全放弃这个游戏，而是说，我们要将必须玩的与选择玩两种情况区分开来。弹球游戏是被操纵与控制了的，最后将会以它自己的方式进行。不管我们在记分上取得了什么，不管我们在晚上和周末花了多么漫长的时间，弹球总是会滑过它自己的轨道。任何胜利都是暂时的，我们只有在得分复位之前得一个小小的喘息，然后下一个弹球就会准备好进入新的游戏。在那一刻，我们是选择冲入新的一轮游戏，还是把手拿开并且离开，结果会很不同。从本质上来说，这和我参加的两场葬礼有着相同的区别：一个男人为了一个高分的假象而玩了一场似乎永无休止的游戏，以及一个女人选择离开游戏，和身边的人建立联结。抵制游戏的诱惑并不容易。它要求我们延迟满足，并着眼于长远。考虑到这一点，以下两种建议可能会对你有所帮助：

- **设定重要目标** 在最深刻和最有意义的层面上反思对你重要的事情，要具体。这个过程是全球定位系统的工作原理——我们需要先确定一个目的地，然后来计算哪条路能最直接地把我们带到那里。地址越准确，我们到达的机会就越大。对我们重要的目标是那些通常集中于加强关系、规划未来和改善个人生活的目标。
- **仔细选择你的每周优先事项** 不要只做一个任务清单，想想哪些活动会对你的人际关系和你最关心的结果产生最大的影响。考虑哪些行动可以建立信任，可以让人们更好地工作，可以帮助你在与他人打交道时更有耐心，或者为你的客户创造价值。试着把你的每周日历想象成一排排空的容器，每个容器的空间（即时间）都很有限。那些患有弹球综合征的人自欺欺人地认为，他们能把所有的事情都做得很好——所有那些小而紧急的任务和更少、更有价值和重要的任务。我们倾向于先快速赢得胜利，将尽可能多的紧急任务推入我们有限的容器中。尽管容器是满的，但它们并不经常充满有意义的成就。但问题是：一旦这些有限的空间充满了紧迫的事情，那么重要的事情自然就会被搁置一边。当它们被写在日历中时，这些装满紧急情况的容器看起来是这样的：

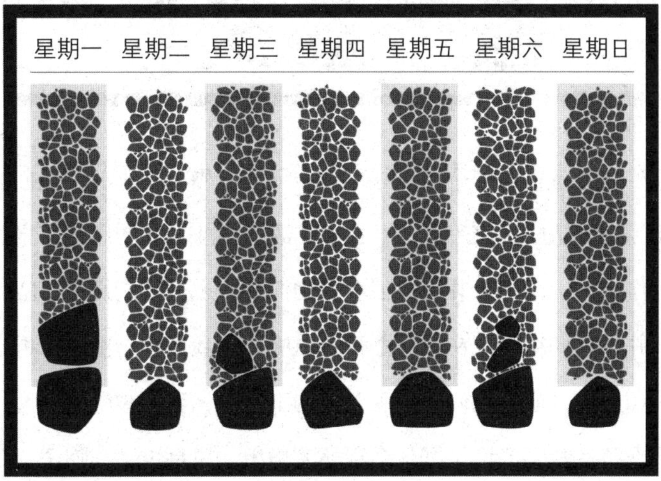

如果我们仔细地确定并把最重要的事情放在首位（重要的事情是指我们主动采取行动，而非被动作出反应的事情），那么那些紧急不重要的事情可能会无法立即完成。但由于它们并不那么重要，即使它们没有被立刻完成，我们也不会脱轨。下面是最重要的事情放在首位的容器看起来的样子：

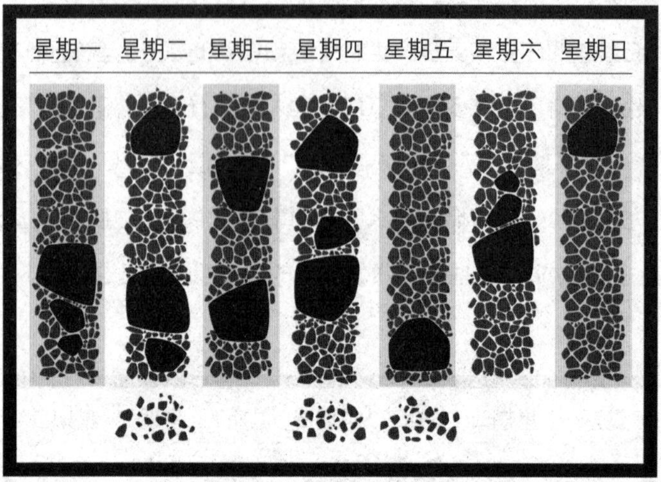

我的办公室里有一个铭记弹球综合征的提醒。几年前，我们的人事服务部门的团队成员集思广益，提出了改善企业文化的思路。当时人们虽然工作努力，可似乎并没有很享受他们的状态。我们提出了四个重点举措，并将它们粗略记在我的办公室白板上。我们对这份清单抱有很大的激情和热忱，但当我们回到手头上的工作时，我们被所有典型的紧急事项淹没了。我们谈论了好几个星期的清单，只是过了一阵子，我们就不再注意它了。三年过去了，我仍然克制从我的白板上抹去这份清单的冲动，希望我们能在某个时候做到它。毕竟这很重要。最终，我投降了。有些沮丧，我去擦这个清单，却发现它抹不掉了！尽管它是用干擦记号笔写的，但它在那里的时间太长了，就变成永久性的了。我们的团队已经成为弹球综合征的牺牲品。我们变得非常急切，因此无法关注那些可能对我们的文化产生最大影响的事情。

通常情况下，紧急事务是一些具体的事情，但常常也会有一些人让我们陷入弹球综合征。接下来，我来分享一些我所学到的策略，这些策略可以防止我们被卷入人为制造的紧迫事项中：

- **将日程安排分成几块**　你可以每周有意识地划出尽可能多的时间段，来专门应对可能出现的意外事件或危机。在一周开始的时候，让你身边的每个人都知道，你什么时间有空。如果没有意料之外的危机出现，你将会有额外的时间来关注重要而非紧急的事情，如战略规划、重要关系建设、预测、危机预防等。

- **反思你的一天**　回顾这一天，问问自己什么做成了，什么没有，然后下决心第二天更好地处理事情。这样反思的目的是为了学习，而不是为你没能做的事而自责。

- **对突然插进来的事情有准备**　对于那些突然插进来的事和紧急要求，可以提前准备好应对的话语。如果我被要求接受一个突然的新项目，我的回答可能是："这对我是个挑战。我绝对想帮这个忙，但我也想要切合实际地对待我对别人已经做出的承诺。让我来告诉你，我认为我能做些什么。"有时，当有人问我是否有一分钟的时间来交谈时，我诚实地回应，"我有一分钟，但我没有五分钟。我们能马上解决这个事情吗？如果不能，让我们再安排一个时间，我们要给予它应有的重视。"

弹球综合征的一个阴险之处在于，它可以诱捕我们中的任何一个人，我想，这正是梅丽莎此刻正在面临的事情……

●●●

"我知道你的意思了，托德，真的。"梅丽莎回答说，她的电话叮地响了一下。她低头看了一眼信息，我等待的时候，她浏览了短信内容，然后就让她的设备安静了下来。“很抱歉，但你也看到了我有多忙。在一个完美的世界里，我会很乐意和我团队中的每个人定期进行一对一的会议，我真的会这样。但可惜那不是我的现实。老实说，我只是没有时间。”

这是一名才华横溢、陷于弹球综合征的人的经典回应。我几乎可以看到梅丽莎徘徊在比赛中，竭尽全力保持球在比赛中的良好发挥，而忘了她身边的团队。

我回想起我的白板上，现在令人憎恶却又无法擦除的清单——任何人包括我都知道，弹球综合征很容易忽视重要的事情。“梅丽莎，把加勒特留在你的团队里是一件对你来说很重要的事情吗？”

“是的，非常重要。”

“跟我多说一点相关的事情吧。”我说道。

“听到加勒特的感受真是太令人沮丧了。我很欣赏他，他作为团队中的一员，我也非常珍视他。我现在明白了，不得已取消我们的会面没有任何帮助。”

“如果你不介意的话，多告诉我一些吧。发生了什么事？”

“好吧，你知道这个季度末的情况。我收到了我所支持的各个部门的要求，很多最后一刻的请求和类似的事情。”

“你在计划你的日程表时考虑到这一点吗？我的意思是，你似乎可以很好地预测每个季度末会发生这种紧急事项激增的情况。”

梅丽莎考虑了一会儿。“嗯，显然，实际发生的比我预测的多得多。”

“告诉我你最典型的一天是什么样子。”我问。

“嗯，每天早上，我看一下待办事项列表，然后开始工作。我通常还没做多少计划中的事，某件事就会临时跳进来。但那就是我工作的性质，所以我试着在一天结束前尽可能多地解决这些事情，然后明天再继续。”

“那么，你现在安排时间与精力的方式，会让加勒特认为他在你的日常优先事项中吗？”

梅丽莎犹豫了一下，无意中瞥了一眼她的手机。“老实说，我可以看出他认为自己不那么重要，但那并不是我的感受。”

“我想你很可能是对的，”我表示赞同，“我想，你们这个问题是，你要怎么做来改变这种情况？”

“我需要和他谈谈。”梅丽莎回答。

生活在弹球综合征中的一个起因就是看不到你的终点。尽管她的意图很好，但梅丽莎都没有意识到她的团队越来越沮丧。

“我觉得你能意识到问题就很好。”我说。

“但我不知道如何解决我的时间问题。”

“你介意我提个建议吗？”

“当然不介意。”

“你描述你度过一天的方式，就像你在一场永无止境的战斗中，试图完成你的任务清单。”

梅丽莎点了点头。“感觉就是这样。”

“这似乎是一个假设，你可能总是会留下一些没做完的事情——就像你说的那样，‘明天再把它捡起来。’”

“确实如此。”

“所以，也许问题不在于你如何挤进更多的东西，而是在于你放下些什么？也许你让那些紧急事项优先于那些真正重要的事情了，比如你的团队需要更多时间与你在一起，这就真正重要的事情。”

“我真的没有像你说的这样想过这个问题，”梅丽莎说，“但也许你是对的。我可以划出一些时间，不仅仅是给季度末的应急工作留出时间，还有我的团队。我可以在季末危机爆发前为我的团队提供时间。”

“试着在重要的事情周围建立一堵不可移动的墙，”我接着说，“如果错过了一点紧急但不重要的事情，也没关系的。”

“我感觉很难容许自己这样，至少对我来说，这样做是很难的。”

“我想，这一点对我们所有人来说可能都是不容易的。”我赞同地说，尽力不回头看我的白板。当梅丽莎离开时，我感到乐观的是，她将开始抵制弹球综合征的诱惑，并在她的团队中投入更多。而我，想要申请一个新的白板。

如何应用

避免弹球综合征

1. 在本周末，打印出上周的日历和任务清单，或者，如果你不以电子方式管理这些内容的话，请记录一周时间内你参与的活动，最好是每小时一次。

2. 圈出紧急活动，突出重要活动。如果你发现所有的活动（包括紧急事件）都是重要的，分出它们的优先级。

3. 了解你在紧急情况下投入的时间和在重要事项上投入时间之间的百分比。

4. 决定下周你可以放弃或推迟哪一项或两项紧急的活动，然后在下周的日历上安排好时间，做一两件重要的事情。

实践 7

考虑我们，而不是我

你觉得自己只能牺牲别人的利益才能获得成功吗？或者你认为需要牺牲自己来照顾其他人？

如果其中之一的答案是肯定的，你或许要考虑实践7：考虑我们，而不是我。

当你做不到考虑我们，而不是我时，结果可能是：

- 你生活在一种恐惧中，害怕资源、奖励等是不充裕的；也许当别人成功的时候，你会对他们产生怨恨。
- 你以真正的、长期的成功为代价实现短期的胜利。
- 人们想要尽快离开你的房间，因为他们不想与殉难者一起生活或工作。

由于我工作的主要内容都是一整天在听人说话，因此，我一有空闲的时刻，可能就会选择自己一个人吃午饭。那些特别擅长即兴的、临时会议的人，在这种无防备的时刻，他们会埋伏在那里，伏击我。虽然我不确定这就是刘易斯所计划的，但他确实总会堵在我去吃午饭的路上，刘易斯是一个40多岁的高级经理，他负责管理一个庞大的销售领域。

“嘿，托德，”他走近时宣布，听起来更像是焦虑而非热情，“很高兴在这儿遇到你。你有一会儿功夫吗？”

“当然。”我回答，同时意识到我独处的时间又没了。

“很感激你有一点时间。有件事让我苦苦挣扎，希望能和你好好谈谈。”

“没问题。你介意我们边走边说吗？”我问道，想呼吸一点新鲜空气。刘易斯同意了，我们开始在园区里四处走动。“那么，发生什么事了？”

“我有一个薪酬方面的问题，”刘易斯回答，“你知道我很喜欢我的工作，而且我的报酬很高，但我很难接受这样一个事情：今年我的一名直接下属要比我赚得更多了。”

“你能多告诉我一些情况吗？”我问他。

“我只是感觉起来不太对劲。我的意思是，如果下属可以赚更多的钱，为什么还会有人想要管理岗的职位呢？坦白说，如果一个下属比他的领导拿的钱还多，我觉得我们不应该有这样的情况。布兰达现在的情况就是这样，她比我拿的多。”

“你觉得布兰达的工作表现没有达到这个报酬标准吗？”我问道。布兰达是一位特别有才华的销售人员，她一直在该地区做一项艰苦的工作。

“你误会了，”刘易斯纠正道，“我并不是想说布兰达的工作表现，只是想说她比我拿钱更多这一事实！”

● ● ●

我们生活在一个充满竞争的世界——我们的教育、企业、体育和法律系统（仅举几例）不断地鼓励和奖励我们互相攀比，达到钟形曲线的顶部，站上最顶点的位置，获得最高得分，或在赢那一栏上打个勾。在我们的一个著名的研讨会上，我们从一个游戏开始，帮助人们了解他们是用什么方式来获胜。主持人这样介绍游戏，说：“大多数孩子都喜欢玩井字游戏，这是真的吗？”通常每个人都点头表示同意，主持人接着问参与者，“那么，当你还是一个孩子的时候，玩游戏的意义是什么？”

“以最快的速度赢得最多的比赛！”大多数人回应道。

接着，主持人要求他们配对并玩几轮新游戏，他说：“我们要玩的游戏并不完全是井字游戏，而是一种非常类似的极端井字游戏。连续四个项目都是（x或o），得到一分。如果你在规定的时间内完成了第一场比赛，马上开始一场新的比赛。记住，目标是尽可能快，尽可能多地赢！”

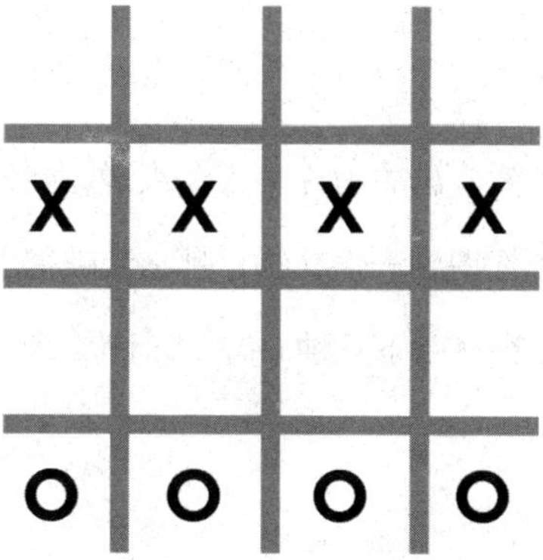

第一轮通常会点燃我们中许多人从小学习到的竞争取胜技能。个人开始相互对抗，努力通过增加他们的个人得分，来打败他们的搭档。在第一回合结束时，每对参与者分享他们获得的总得分。很多对只得到很少的得分，因为他们一直在竞争。

然后，主持人在第二轮比赛之前给每一对时间来制定策略，强调目标是尽可能快地赢得最多胜利。渐渐地，合作关系的双方开始意识到他们不必为了分数相互争斗。相反，他们可以一起努力积累得分。他们发现可以更快更高效地合作，而不是竞争。一旦他们有了这个顿悟，他们就开始尽可能快地填他们的游戏卡。在第二轮或第三轮比赛结束后，合作伙伴们获得了四倍、六倍甚至十倍的得分。

作为人类，我们习惯把这个世界看成是它只拥有这么多的东西，所以我们最好在自己有能力的时候得到我们的。我记得有一位同事曾经和我分享过，他还是孩子的时候，假期对他来说是多么难捱。当我询问他原因的时候，他回答："因为当我看到我的兄弟姐妹们收到他们的礼物时，我心里会想，好吧，我又少了一件。而我有很多兄弟姐妹！"

心态很重要

对于我的同事（和我们中的许多人）来说，我们让自己以一种赢—输的心态生活：如果你得到一件礼物，那么我就得不到。在我们与他人一起生活与工作时，存在以下几种心态：

- 输—赢
- 输—输
- 赢—输
- 赢—赢

这些心态主要由两个因素驱动：

- 我们内在的成熟度。
- 在与他人打交道时，我们需要多少勇气和体谅。

成熟水平

在富兰克林柯维，我们提出有三个层次的成熟水平：依赖、独立和互赖。依赖是一种以“你”为核心的心态，你要对我负责，对我的感受和环境负责，照顾我是你的工作。当我们来到这个世界的时候，我们都经历过这个层次的成熟度。作为婴儿，我们依赖于照顾者的一切：食物、衣服、住所和爱。在某些情况下，依赖别人并没有什么错。但是，我们中有多少人与仍然处于依赖期的成年人共事过：他们相信你或其他人对他们的成功和失败负责，对他们的情绪和感受负责。依赖代表个人成熟度的最低水平，在这种情况下，我们把自己的快乐寄托在别人的身上，或者在事情出错的时候采取一种受害者心态。这听起来往往像，你让我失望，你让我生气，你没能让我免受伤害，这是你的错。

然而，当我们扮演新的角色或学习新的技能时，我们会有一段时间，在这段时间里，我们会依赖别人来教我们学习新技能。多年前，当我第一次在医疗行业招聘医生的时候，我在这个领域没有受过训练。我依靠其他招聘人员来学习这些技巧。你可以说我依赖他们。但是，渐渐地，我学会并成长了。

独立，是下一个阶段的成熟度水平，是一种“我”的心态。独立的意思是我能做这件事，我有责任，我来决定什么是最好的。当我们在这个层面上思考和行动时，我们将焦点从我们周围的人们转移到我们自己的优势和能力上。对于我们许多人来说，会认为独立是成熟的巅峰。当我有了几年经验，积累了几年招聘经验时，我开始认为自己是非常成功的。我以为我已经圆满了。还有什么可学习的？

虽然独立肯定比依赖更成熟，但当独立的人选择合作时，会有更多令人满意和具有转变性的东西。

在相互依赖的情况下，我们采用“我们”的心态。当我们相互依赖地思考和相互依赖地行动时——我们会做出选择，把我们的才能和能力与他人结合起来，从而取得更大的成果。相互依赖就是我们可以一起做，我们可以一起合作，我们可以一起解决这个问题。我记得我在参加第一次行业大会时，在那里遇到了一些成功的专业人士，他们在这个行业工作的时间比我长得多。就在那时，我成功走下了我的“独立”宝座，意识到我必须向别人学习。

许多研究似乎表明，大自然还采用一种合作战略，而不仅仅是适者生存。合作有一种与生俱来的力量，可以使个体团结在一起，利用彼此的优势。

加强我们的关系并找到双赢的最有效方法，是采用互赖的心态。有些时候，我们会遇到一些让我们立即作出反应的情况，如果我们不注意，我们可能会放弃独立，产生依赖行为——指责和批评他人，或者让他人对我们的幸福感负责。下面这个故事是我在没有互联心态时的行为方式。

几年前，一位同事完全重改了我早已准备好的重要演讲。当我看着这些变化，消极的想法涌现了：她以为她是谁？我一直做这个已经多年了，突然她成了专家？也许她应该自己做整件事情！我假设她怀有恶意，质疑她的动机，并陷入了一种受害者的心态。我的专注点在于她是如何让我如此抓狂的，这就是一种依赖的心态。这种心态让我产生一种我和她是竞争关系的看法。

接着，我开始变得更加目中无人，产生了这样的心态：我得到了很多荣誉，我不需要别人的反馈，我知道我在做什么。我只需要向前推进，忘记她。这时我进入了独立层次的成熟阶段，将我的同事看作阻碍我前进的障碍。我准备加倍努力，完全放弃她的反馈。

第二天，我和一个值得信赖的朋友分享了这一切。当我脱口而出自己的计划和一连串的抱怨时，他耐心地听着。我说完后，他回答说："我可以想象，在你做了这么多努力之后，听到有人对你的表现给予批评反馈是很不舒服的。我也希望你知道，你之所以被邀请做演讲，其中一个主要原因是你吸引听众、与听众互动的能力。你很擅长这项工作，托德。"

他的真诚开始软化我的防御。他继续说，"虽然她反馈的方式有些粗鲁，但我真的相信她的一些意见会让你的演讲更好。看看她的建议哪些有用，同时让自己从听到反馈后的糟糕感受走出来，可能会对你有所帮助。我可以看出，她想让你强调几个要点，因为这会使演讲更有说服力。她以有启发性的名言开始演讲的想法将有助于听众更快地理解这个概念。”他接着提到了前一天我听不进去的其他观点。

他让我思考，难道她想让我的演讲做到最好？当然，演讲的效果如何与她的利益也是密不可分的。也许一起工作而不是分开做事，我们会获得更多。

我朋友聪明的指导意见让我把自我防御放在一边，去真诚地考虑批评反馈。他总结道：“我真的相信她是好心的。她的处事技巧可能不是那么好，但她的意图是不用怀疑的，她想要帮忙。”

有了一个相互依赖的心态，我的朋友帮助我把自尊推到一边，深入研究我的同事提出的建议和这个建议的原因。虽然我不接受每一个建议，但我意识到她的许多建议会使演讲更有力。我甚至要求和她再开一次会，排练我学过的东西。我选择了相互依赖地工作。当再次发表演讲的时候，情况就大大改善了。从那时起，我就要求她在我要准备并发表的演讲时提出建议。

勇气和体谅

在与他人合作时，那些一贯建立相互依赖关系的人能平衡勇气和体谅。我们把勇气定义为以尊重的方式表达想法的一种意愿和能力，把体谅定义为带着尊重寻求和倾听他人想法和感受的意愿和能力。虽然在每一种情况下都保持完美的平衡是很有挑战性的，但真正要寻求的是确保你不会过度地侧重某一方而忽视另一方。过多的体谅而没有足够的勇气，你就变成了一个所谓的软柿子或受气包。过多的勇气而没有足够的体谅，会把你变成蛮横之人。

过度的勇气

多年前，我曾与一位声名鹊起的人共事。他外表粗鲁、脾气暴躁，喜欢时不时打断别人。当他不同意某些事情或与他人分享的意见时，他没有考虑到他的激进风格会让别人感觉如何。你可以想象，当我被分配到一个重要项目上与他进行合作时，我的处境有多么的刺激。

当我们开始组建团队时，我推荐的每个人都立即被他击倒："他是个白痴""她没有任何影响力""他不适合这份工作"等等。项目接下来的六个月是我人生中经历过最漫长的时期。令人惊讶的是，我们按时完成了这个项目，但没有人愿意再和他一起工作。在他余下的职业生涯中，他一直是个孤独的天才。

过度的体谅

在以前的一段职业生涯中，我与一个非常能体谅他人的人共事。他会在午餐时间管理别人的差事，总是工作很长时间，自愿在周末做别人的任务，甚至是在他的工作要求或职责之外的任务。他对任何负面的反馈都很敏感，他避免对任何人说"不"。虽然他很受欢迎（谁不喜欢他呢，他从不说不！），他没有勇气自信地发表他的意见，还告诉我，他并不总是感到受人尊敬。多年来，他疲惫不堪，意志消沉，觉得没有人充分赏识他。

虽然伟大的想法和勇气对于做好一份工作来说是至关重要的，但没有体谅和尊重，你能找到的唯一团队是只有你独自一人的团队。另一方面，如果你有非常多的体谅但没有勇气，你可能会很受欢迎，但最终会觉得不受尊重。勇气过度的人，会与他人疏远。体谅过度的人，会感到孤独。

我们的挑战是，要在所有关系中均衡地表现出勇气与体谅。有时我们在家里比在工作时更有勇气，或者我们对工作同事比对生活中的亲友更体谅。当我们努力平衡两者时，我们就为所有关系中的相互依赖和互利铲平了道路。我们选择如何去看待他人和与他们合作，会导致四种不同的结果。让我借我之前分享的故事来说明——我觉得我的同事正在重写我的演讲内容。

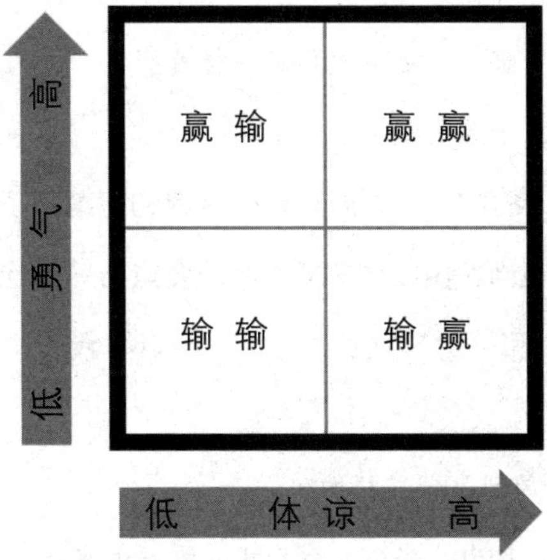

- 输—赢（高体谅，低勇气）。我承认，我同事在改写演讲文稿时是对的，而我对她的质疑是错误的。我屈从于她的想法，完全接受她的更改，选择那条阻力最小的道路。

◆ 输—赢局面是什么样的：

我没有勇气表达或要求我所需要的。

我经常被吓到，我很容易屈服。

被别人接受是我的动力。

我倾向于隐藏我对事物的真实感受。

- 输—输（低体谅，低勇气）感觉受到攻击和轻视，我完全有正当理由把整个演讲内容——她的版本和我的版本——都破坏了。我不仅对我同事说的话不感兴趣，而且还想放弃我自己的工作。如果其他人想要，他可以在上面浪费时间，我不干了。如果在这么晚的日期找不到人接手，那她就自求多福吧。

◆ 输—输的局面是什么样的：

如果我会输，那你一样。

我愿意受到伤害，只要你也和我一样就好。

我放弃了真正重要的事情。

● 赢—输（高勇气，低体谅）。自从我的同事开了第一枪并攻击我之后，我完全有正当理由以牙还牙。我只要点击“拒绝她对演讲文稿的所有修改”，然后写一封很冗长的邮件，告诉她我的想法。她需要摆正自己的位置。

◆ 赢—输的局面是什么样的：

我利用职位、权力、资历、财产或人格魅力来让我自己说了算。

我通过看轻别人让自己看起来更好。

我与他人竞争而不是合作。

我会赢，你会输。

● 赢—赢（高勇气，高体谅）。我先假设一切都是出于良好的意图，然后慎重地、恭敬地听取我同事的看法，并礼貌地分享我自己的观点。我将选择和同事一起工作，因为我们在这个任务上都有各自的长处，合作会让我们取得更好的结果。

◆ 赢—赢的局面是什么样的：

我们共同努力，直到找到一个对我们双方都有利的解决方案。

我同样重视你的需求和愿望。

我与他人合作而不是竞争。

在交流时，我会平衡好自己的勇气和体谅。

我反对时，会带着尊重。

根据我的经验，除了赢—赢，任何其他结果长期下去，迟早都会走向双输。

考虑我们而不是我，有着巨大的力量。我们不仅更有可能实现我们想要的结果，而且还能在这个过程中加强人际关系。我想知道刘易斯，这位介意直接下属薪酬高过他的高级经理，是不是没有看到这一点。

● ● ●

“你误会了，”刘易斯纠正道，“我并不是想说布兰达的工作表现——只是想说她比我拿钱更多这一事实！”

“听起来你像是把这个当成了一场比赛，”我一边回答，一边继续走着，“赢家就是赚得最多的人。”

路易斯在回答之前考虑了一会儿。“我认为这是有关公平问题的，而不是比赛。”

“好吧，那我们就按公平来讲。”我接着说，“布兰达表现得好，你难道不受益吗？”

“当然，”刘易斯说，“我的意思是，我要负责整个大区的客户，她的工作是帮我完成我的目标。”

“所以，可以肯定的是，如果布兰达表现出色，你会挣得更多，你更容易达成你的目标，甚至你晚上睡觉也会更安稳，因为你知道该区域的某个部分正在顺利运转。”

“是的。”刘易斯承认。

“与此同时，布兰达继续努力工作，使得这个地方发展得更好。假设我们重新制定你所负责区域的薪资计划，阻止布兰达突破某个天花板，你认为她会作何反应？

“嗯，她当然不希望出现这样的情况。”刘易斯回答。

“她会很沮丧，换到别的地方去吗？”我问道。

“我希望不会，但谁也说不准。我猜她可能会开始找别的公司。”

我停了下来，盯着刘易斯。“这对你有什么好处呢？对我来说，这听起来像一个双输的局面。你可能会强调薪酬这件事，但最终会伤害到你们两个人。这真的是你想要的吗？”

刘易斯叹了口气：“没有。只是这个事关原则。”

“你知道还有另外两名高级销售经理，他们的团队成员同样赚得比他们自己还要多，对吧？挣得比他们多的人在为他们工作，这实际上让他们很得意。如果布兰达拿了一块更大的蛋糕，她拿走的不是你盘子里的；她是把整个蛋糕为所有人做大了。这对我来说似乎是双赢。”

“或许吧。”刘易斯承认。

我继续说，“你一直是个好领导。这么多年，你一直在指导她，帮助她达到她的目标。这本身就很有价值。金钱是计算成功的唯一方法吗？”

“我觉得不是。”刘易斯说。

“现在有一个选择是让你回到纯粹的销售岗位。这样，你可能会赚更多的钱。但这意味着你要放弃领导你的团队——这是你很擅长的事，顺便说一下——而且放弃了一些我认为对你很重要的东西。”

“你是对的，我不想放弃这个。也许是我没看到除了金钱之外的其他回报。”

“为什么不督促你团队的每个销售人员，让他们变得更成功，让他们的薪酬超过你呢？”

刘易斯点点头。“我得想一想。”

当刘易斯继续在布兰达薪酬问题上挣扎时，我看到其他领导者都很自豪地看着他们的团队成员实现成功。这给考虑“我们”而不是“我”的思维定式树立了典范。

如何应用

考虑我们，而不是我

当你在人际关系中保持高勇气和高体谅时，你就能很好地考虑“我们”而不是“我”。为了在实践中变得更好，请完成下面的练习。

1. 选择一种个人关系和一种工作关系，这种关系目前是比较紧张或不太理想的。

2. 评估你在每段关系中所表现出的勇气和体谅程度，然后把这个人的名字放在网格适当的位置上（见下一页的例子）。

3. 把名字放在网格的什么位置上，就决定了你如何与那个人互动。如果你在一段关系中缺乏体谅，而勇气过多，你可能在用一种赢—输的方式行事。如果你在一段不同的关系中高度体谅和缺乏勇气，你可能在用一种输—赢的方式行事。

4. 记住，理想情况是在所有关系中都拥有高勇气和高体谅，包括个人关系和职场中的关系。

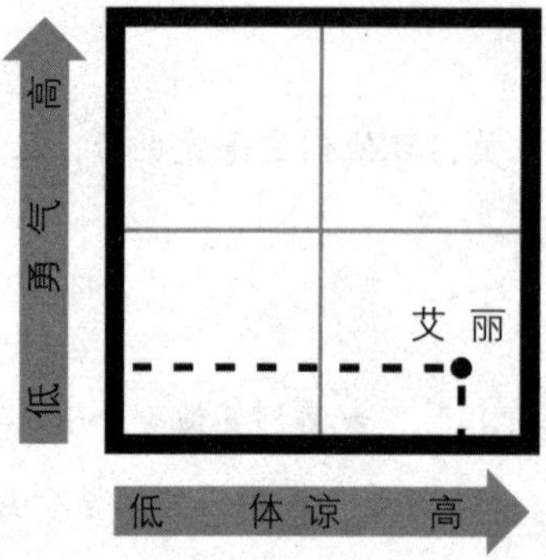

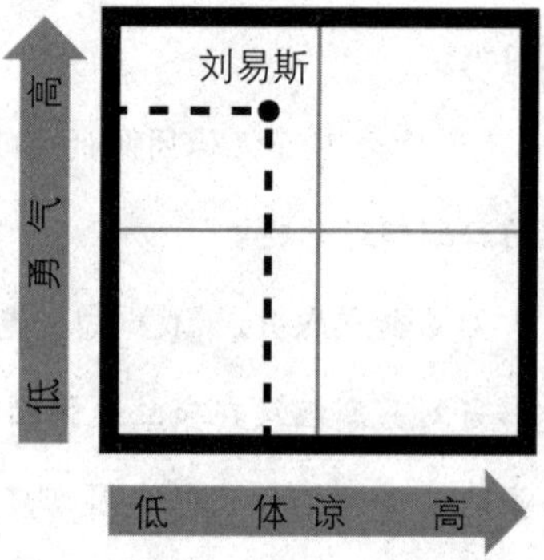

5. 如果你发现自己勇气不够，试试下面的方法：

- 写出你的想法和观点，找一些让你有安全感的人，把你的想法说出来。
- 练习提出请求，从你确信请求能得到同意的事情开始。
- 承诺在下次会议上提出一个想法。
- 在对话结束之后，以书面方式写下你的评论。

6. 如果你的体谅不够，试一下这些方法（但要注意不同的文化可能需要不同的方法）：

- 与人交谈时，关掉你所有的通讯设备，进行眼神交流。
- 在会议上，等到两三个人分享完他们的想法后，你再说话。
- 不要打断别人。
- 把你的想法记下来，而不是在当下表达出来，尤其是在情绪高涨的时候。
- 用一个问句来提出你的想法，征求别人的意见。

实践 8

评估你的情感储蓄账户

在你的各类关系中，你有被透支甚至破产的风险吗?

如果有，你或许要考虑实践8：评估你的情感储蓄账户。

当你无法评估你的情感储蓄账户，结果可能是：

- 你很困惑为什么有人会不喜欢你提供帮助的行为。
- 修复一个错误所需要的时间比正常情况多很多。
- 你无意中失去了身边重要关系的信任。

我低头看了看我嗡嗡作响的电话，看到杰罗姆的名字弹了出来，这个人是我多年失去联系的老朋友。我们之前曾在一家公司有密切合作，但最终还是失去了联系。当我接起电话时，我很高兴听到他的声音。

“托德，太久没联系你了。”杰罗姆在电话那边说，他的声音一如既往的大而欢快。

“我知道是你，很高兴听到你的声音。”

“我时常回想起你和你家人，打电话和你打个招呼。”

我们回忆起我们以前的公司，感叹生活把我们分别带向了不同的地方。几分钟后，杰罗姆表达了他对我们没有早点联系的遗憾。“很高兴能一起叙叙旧，”他补充道，“你知道，我们应该找个时间一起吃午饭。”我同意了，并告诉他我有空闲会和他联系。我正要再次感谢他，他说道：“噢，你知道我刚想起什么吗？你叔叔还能在运动小屋（店铺名称）买到那个‘朋友和家庭聚会日’的折扣券吗？”

我突然间感到有点吃惊，我与我的老同事重新联系的所有美好感觉都被某种嫌疑打破了，那就是他的来电与我不大相干，和我叔叔及他的折扣券关系更大。

“我不太确定，我得问一下。”我用某种自言自语的声音回答。

然后我给自己找了个借口，挂断了电话。通常，我很乐意请求我叔叔帮我一个忙，但这次不行。

●●●

我们大多数人都非常重视我们的金融银行账户——存款和提款、利息和罚款、我们财务报表的期初与期终余额。这个想法是相当直截了当的：我们存钱是为了建立一个储蓄库，从那里支出我们未来的各种花销。今天的技术使我们能够几乎实时地监控这些交易。当涉及到人际关系时，我们会进行类似的交易，情感银行账户（EBA）中存款或提款。当余额高时，由此产生的信任程度也高。当余额较低时，人际关系就会受损。虽然传统的银行账户和情感银行账户之间有许多相似之处，但还是有一些关键的区别值得注意：

- 情感银行账户的目标是建立存款，与他人建立信任关系。我们之所以存款，不是为了日后有目的、有计划的提款。

- 情感银行账户不允许自动存款。与你的普通银行账户不同，你不能在情感银行账户上定期存款（如工资）。情感银行账户里的存款要求我们像过去那样，走到银行柜台前，亲自办理手续。这一点是很重要的，因为根据我的经验，我们通常认为理所当然的关系，实际上最需要我们持续刻意的关注。

- 高度信任、善意和全力以赴是情感银行账户的最终成果，而不是高的货币收益率或强劲的利息收益。当你和某人的情感银行账户余额较高时，你会感到安全，充满活力。如果你想知道你与某个人的情感账户余额是多少，考虑一下当他们打来电话时你的反应如何：当你在来电显示上看到他们的名字时，你会接他们的电话吗？或者，哪怕你有时间，你是不是还会让呼叫转到语音信箱？当他们意外地出现在你的门口时，你的第一反应是欢迎他们进来，还是在你看到他们来的时候躲到沙发后面去？当他们要求你帮忙的时候，你是急于帮忙，甚至在不知道帮的是什么忙之前就回答“是”，还是害怕他们提出任何请求？在我们各自的情感银行账户中，我们的每一段关系都有一个相关的余额。考虑一下我们的存款和提款方式：

存 款	提 款
首先理解对方。	假装理解。
表现出友善、礼貌和尊重。	表现出残忍、无礼和轻蔑。
保持你的承诺。	打破承诺，或者根本不做任何承诺。
在对方不在场时，也要保持忠诚。	人们不在场的时候，不值得信任和不够忠诚；说人坏话或乱谈八卦。
设定清晰的期望。	创造不明确的期望，或者根本没有。
会道歉。	冷酷、骄傲、傲慢。
给出反馈。	保持沉默，或者不怀好意地给予反馈。
懂得原谅。	心怀怨恨。

你可能听说过一些为积累财富已被证明有效的最佳实践方式，比如制定预算、决定优先事项、记录费用，等等。类似地，这里有6种建立并维系强大的情感银行账户余额的最佳实践：

1. 永远不要为了提款而存款。

2. 了解对方的货币。

3. 告诉他人你的货币是什么。

4. 避免假冒存款。

5. 随着时间推移，建立小额、持续的存款。

6. 修正错误。

永远不要为了提款而存款

我们永远不要为了可以在有用的时候提款而建立储蓄账户。我认识一个同事，他在办公室里放了一盒感谢信，因为他养成了一种不健康的习惯，就是在把一个大项目扔给别人之前，用这些信件来建立一个信誉储蓄账户。不要用这种方式去使用情感银行账户。

操纵，或者使用情绪银行账户作为达到目的的手段，可能会损害重要关系，严重的会让你们的关系到达不能修复的地步。如果提款多得惊人，而且情感银行账户余额很低，你可能需要大量储蓄来重建关系，重新建立信任。最坏的情况是，提款可能会导致账户永远破产。相反，如果提款较少，账户余额也很高，一些真诚的存款可以使它恢复平衡。

了解对方的货币

所有银行账户都要求获得它们认证的币种。在一场特别成功的大富翁游戏之后，把你刚赢得的一大叠钱存入你的实际银行账户可能会很诱人（警告：这样做你可能会直接进监狱）。尽管在大富翁游戏中你可以使用丰富多彩的货币，但银行并不能接受这样的货币。同样地，与人打交道时，我们都有自己愿意接受的货币形式。在生活中，所存入的存款对对方可能是没有意义的，甚至是一次提款。下面是我的一个朋友莱斯利的一次意外的提款。

莱斯利决定和妹妹克里斯汀一起去滑雪。虽然她不是滑雪高手，但她比她的妹妹更有经验，她想从初学者的滑雪板开始学习到更高阶的一些技巧。当两姐妹在斜坡上的时候，克里斯汀立即挣扎起来。每次妹妹试着调整滑雪板，她都是加快了速度，然后失去平衡，最后摔倒。在难度更大的坡道上滑了几趟后，莱斯利决定滑过去帮助她妹妹。莱斯利自己曾经历过同样的学习过程，她开始向妹妹提供建议：稍微向后倾斜一点，弯曲膝盖，把你的体重放在滑雪板上，等等。

每一次失败的尝试，莱斯利都给她妹妹更多的建议，随着时间的推移，妹妹越来越沮丧。最后，克里斯汀把她的杆子扔下来，喊道："如果我想听你的建议，我会和你说的！"

听到这句话，莱斯利吓了一跳。她回想起自己作为一个新手的挣扎，很感激那些经验丰富的滑雪者能够提供有用的技巧。但话说回来，克里斯汀并不是莱斯利——她比她的姐姐更有好胜心，当她不擅长某事时，总是会马上难过起来。实际上，克里斯汀和莱斯利的货币不一样。原本应该是存款的，最后却成了提款。

很多年前，我也有过类似的情感货币经历。我在一个管理会议上，财务团队提出了一个新的电子表格。我不知道怎么去使用它。从我的角度来看，这太过晦涩难懂——就像歌剧。问题是，除了我，每个人似乎都理解得很好。所以，我坐在那里哑口无言，感到自己很愚蠢。我竭力装出一副高深的样子，目不转睛地盯着报告。经过长时间的讨论，团队的一名成员转向我问我的意见。

"嗯，"我停顿了很长时间后说出了一句话，"我认为数字代表了他们自己。"我笑了，桌子周围的人都笑了。我希望我那微妙的幽默能掩盖这样一个事实：对我来说，如果数字会说话，那说的肯定是一门外语。我设法回避了这个问题，会议继续进行。后来，一名队员把我拉到一边。

“我真的很喜欢你的幽默感，托德。”他说，“我可以问你件事吗？”

“当然。”我说。

“你似乎不太适应这份新的财务报告。我能帮上什么忙吗？”

“确实是这样，”我回答，“你有时间机器吗？这样我就可以重新上大学里所有的会计课了。”

他热情地笑了。“我帮不了你，但我可以陪你过一遍报告。我觉得它看起来并不复杂。”这样的一个提议可能会让我感到不安，但事实并没有。我的同事认识到，我在用幽默来转移我的焦虑，并且他让我知道他既欣赏那个幽默，也理解我为什么觉得有必要那样做。他意识到我有点不太适应，所以没有在其他人面前谈论这件事，而是私下里提出。他了解一种对我来说很重要的货币（对大多数我认识的人来说）——不愿意在公众场合成为焦点。他建立了信任，并安全解决了一个可能令人尴尬的话题，进行了存款而非提款。这个过程不需要一个太大的表示或计划，他只是承认并使用了一种对我来说很重要的货币，建立了一个情感银行账户。

告诉他人你的货币是什么

诚然，有时我们很难发现人们对哪种货币最在乎——特别是当我们不太了解他们的时候。这个时候，简单交流一下我们喜欢的货币，对双方可能会有所帮助。在过去的16年里，我通过一个菠萝甜点，艰难地吸取了这个教训。这一切是从我和妻子结婚的时候开始的，她的阿姨为家庭聚会做了一个菠萝蛋糕，上面加了奶油霜糖。这是这次活动的众多蛋糕之一，端上来的时候我对它的反应有点小题大做。

“太好了，格拉迪斯阿姨，”我当场表示，“你怎么知道这是我最喜欢的蛋糕？”我的妻子崔西听到我这么说，默默在心里记下了。当我的生日来临的时候，她做了一款同样的菠萝蛋糕，同样的奶油霜糖，其他东西也一模一样。我谢过了她，尽管有点惊讶再次看到它，但还是按计划去庆祝了。第二年，蛋糕又一次出现了，就像前一年一样。然后这一传统延续了下去：一年接一年，一年又一年。我的妻子在我的生日上做了15年的菠萝和奶油霜糖蛋糕。我花了很长时间才终于坦白。

“崔西，你知道吗？”在我的下一个生日来临的时候，我这样问道，“我可以向你坦白一件事吗？”也许这个开场白并不是和配偶开启一个话题的最佳方式，如果你不想她误会的话，所以我决定继续说下去，“我真的不喜欢菠萝蛋糕。”

“你不喜欢？从什么时候开始的？”

“呃，从始至终。”

“但这些年来，我一直在为你做这件事。我记得你告诉格拉迪斯阿姨，说这是你最喜欢的。”

“你是对的。但在那个聚会上，每个人都带来了甜点，我注意到没有人吃她做的那个。而且我们刚刚结婚，我想给大家留下一个好印象。我不想让她感觉不好，所以我拿了一大块，说这是我的最爱。在当时，这看起来是个好主意。”

“但那不是你的最爱？”我妻子问。

“嗯，不是。”

“所以，这么多次……”

“我知道了。我感到很抱歉。”

我的妻子花了一些时间来摆脱她的困惑和受伤的感觉。十五年来，她坚信她一直在给我做我最喜欢的蛋糕。读懂我的想法是她的责任吗？当然不是。我本来可以（也应该）避免伤害和混淆她的事情——我应该在许多年前，礼貌地告诉她菠萝蛋糕其实不是我的最爱。我有责任与她分享我的货币，而假装我喜欢菠萝蛋糕是不必要的情感银行账户提款。再说一次，责任主要在于我，我应该直接让她知晓。

我们经常假设其他人应该对什么是存款和什么提款有具体的了解。事实上，如果我们不小心，我们甚至会开始指责人们，为什么在他们明明是想要存款的时候，却恰恰相反，偏偏做出提款这个举动。只要我们有一点小小的努力，我们就可以负责地让人们提前知道，我们特定的货币是什么样子的。

交流货币不仅仅在我们的个人生活中是个好主意，而且在我们的职业生活中也同样很有效。我们最近聘请了一位新的销售经理丽贝卡，来接替即将退休的经理。前任经理在新客户关系开始的时候总是积极参与进去，陪同销售人员拜访客户，这样他就能指导他们如何增长现有业务。他的销售人员学会了他的货币：他们会尽可能多地与现有的客户见面。相比之下，丽贝卡拥有找到并发展新业务的技能。了解到她的销售人员已经学会了老经理的货币，丽贝卡在就职早期面见了她的新团队成员，表达了她自己的工作偏好。虽然她也希望他们能发展现有业务，但她更喜欢把时间花在与新客户的预约上。她的货币是让他们研究新业务，并尽可能多地安排新客户的见面。因为她很早就分享了她的货币，所以她的销售人员并没有浪费时间去猜测她看重的是什么，或者尝试了解她的风格，他们立即进入状态，步向成功。

避免假冒存款

有时我们会吸收假币存款。我们都知道假币是什么，这是我们在银行账户里最不想要的东西。如果我们不小心，这样的虚假存款就会试图进入情感银行账户。他们经常以做作的赞美、虚假的道歉，甚至过于奢侈的礼物等这些形式来表现。（有些人可能会把我对格拉迪斯阿姨蛋糕的恭维视为做作，但当被恭维者是一名90岁的老妇人时，你会保留一点意见的。）也许你遇到过某个经理，来回穿梭在各个办公室中，用模糊的、夸张的方式告诉每一位同事，他们是多么的棒，以及令他多么钦佩。但这种赞美很快就会让人觉得是在奉承，目的是让人们去做经理想让他们做的事情。这样的口头颂词也渐渐变成意料之中和常规的表达，团队成员开始在经理背后笑话他们："他们是在竞选公职吗？还是要做什么？"同时，他们情感银行账户的余额都在一直慢慢减少。

我们为把假钞存入情感银行账户而付出代价，并不是说你不应该给予别人应得的赞美，但过分的奉承却永远不会产生情感账户存款。一种安全的做法是始终清楚你的意图：你是在寻找回报吗？是为了拿到你的投资回报呢，还是你的行为是出于对对方的真正关心？（关于这个问题的更多信息，请参见"实践9：审视你的真实动机"）"条件交换"的策略和建立一个真实的情感储蓄之间是有区别的。

我想再次提起我的领导和导师帕姆，在前面，我讲述了当时我只有三十五天的工作经历，帕姆却向一位高管介绍了我，讲述了我在短时间内完成的事情。帕姆完全可以简单地说："他做得很好。"但相反，她对我的成就提出了非常具体的评论。我知道这种方法不是虚伪的奉承，因为她的每一个字都是她的认同与真实想法。

我还想再举一个例子。我的一位同事被要求为一群她不太熟悉的销售人员提供全天的研讨会。这是非常有挑战性的。在研讨会结束之后，她收到了一封手写的短笺，从我们的首席执行官那里寄到她家，感谢她所付出的时间。他特别提到了一个她讲述的故事，这个故事是她根据培训群体的需求特意准备的。他还提到，他非常欣赏她对两个具体问题的处理，如果没有她恰当地加以处理，就会使讨论陷入消极的方向。他向她表达了感谢，因为她优雅地处理了教室里一些个性非常强硬的人。他对细节的关注，让她感到非常惊讶，而他甚至花时间写了这张纸条。这个姿态是情感储蓄里一笔真诚而有意义的存款。

随着时间，建立小额、持续的存款

当我们往情感银行账户存款的时候，它要求我们刻意并持之以恒地去做。当关系是建立在有目的、有意义和持续的贡献而不是随机的大手笔时，它就会在安全与信任中成长。很多人都很擅长不断地做小额存款，这也成为他们个性中的一部分。当我们经历生活不可避免的考验时，这种美好的储备就是无价的。

如果有人理解这一原则，那就是麦茜·德沃尔。虽然下面的故事说的是现实中的存款，想想随着时间的推移，每笔小小的存款最后是如何产生丰厚而有益的结果的。作为一个住在堪萨斯州的小镇埃斯克里奇的年轻母亲，她希望她的孩子们能有一个社区游泳池，来帮助他们打发漫长的夏日时光。然而，小镇没有资金来建造或维持类似的东西，她的愿望似乎最终会落空。但麦茜决心要实现这一目标。所以她开始收集易拉罐，把它们压扁放到车库里，攒下收集来的钱。

她开始有意行走在她家周围的道路上，每天晚上收集罐子，然后把它们送到回收中心。这个城市一直告诉她，她永远筹不到足够的钱来建造和维护一个游泳池。麦茜没有被干扰，继续收集易拉罐、废金属、旧汽车电池，以及来自当地居民的垃圾。有一段时间，她获得了一个昵称，叫“疯狂的麦茜”，但她依然坚持，朝着她的目标，一次捡一只罐子。

30年后，她攒下了7万多美元。这个故事启发了当地的参议员，他建立拨款来支付剩下的费用，且学校董事会捐赠了一块土地。2001年，一个游泳池就建在了麦茜的房子对面，在那里，她可以看到她的曾孙们游泳。最后，为了纪念她，那条麦茜开始收集易拉罐的公路也被重新以她的名字命名。她的故事给了人们一个重要的提醒，小额存款随着时间的推移能发出巨大力量。麦茜是特例吗？我想，这个世界有这样的人，他们会抓住机会去帮助别人，因为他们养成了这个习惯。如果在别人的情感账户中存款让你感到满足感，你会做得越来越多，直到这成为你生活的一种模式——就像麦茜一样，一次一笔存款，最终让她的社区发生了巨大变化。

修正错误

柯维博士在他的教学中分享了一点东方智慧：如果你要鞠躬，就把腰弯得低一些。他教导说，真诚的道歉能存入对方的情感账户。

我有一个同事，名叫弗朗西斯，他的脾气有点暴躁。有一天，他面临着一个严格的截止日期，因此需要保持生产线的持续运转。另一个部门的经理要求他暂时停止这条线路，这样她就可以检查其中的一个产品。他拒绝停下来，而她坚持要求。

他争不过，对她大发雷霆，且声音很大，并说了些难听的话，周围的人都能听见。在我们公司（希望在你的公司也是），这种行为是不能容忍的。弗朗西斯知道明白了这一点，后来他向我承认，他对自己所做的事情感到很抱歉，也不知道该怎么办。他还承认，与此同时，他觉得自己的行为有些道理。尽管他跨过了一两个礼节红线，但他是在为那个大项目着想。毕竟，他的工作就是实现他的目标，如果其他人让他放慢脚步，他除此以外又能怎么做呢？当然，他可能会伤害了那个经理的感情，但他自己的感受和责任不重要吗？

在接下来的那个周末，他太焦躁不安了，完全睡不着。经过许多心理斗争后，他决定向他的同事道歉。星期一早晨，他径直来到她的办公室，敲了敲门，被邀请进去。他为提高自己的嗓门和使用那种会让任何人脸红的语言而道歉，但他希望她能理解他仍然是对的，尽管他当时处理的方式很糟糕。毕竟，这不是他的错，因为是这个订单给生产线带来了太大的压力。而他为了实现自己的最终目标不顾人们受伤的感觉，这也不是他的错。他继续找借口假装道歉。正如你所能想象的那样，道歉就这样失败了。他非但没有开始踏上纠正错误的道路，反而加倍努力，从已经几近破产的账户中追加了一笔提款。

那一天的细节大部分已经从记忆中消失了，一个个季度的目标开始又结束。但那一天造成的伤害依然存在。弗朗西斯从未完全从当初的扣款中恢复过来。不幸的是，由于错过了纠正错误的最佳时机，他们的关系仍然受到缺乏信任的困扰。

相比之下，真诚的道歉能存入对方的情感银行账户。这是纠正错误的第一步，但如果处理不当或延迟，则可能导致更大的提款。

通过运用六种最佳实践来建立情感银行账户，我们可以养成存款的习惯，与他人的关系中建立起安全感与信任，这能确保这段关系经受住无意的提取的错误。

当我接到我以前同事杰罗姆打来的电话时，他的请求更像是一次提款。

●●●

在接下来的几个星期里，我忘记了杰罗姆的要求。我承认，这个举手之劳不是我的首要任务，很可能是因为我经历了这次出人意料的情感账户提款。我想杰罗姆也感到再打电话过来会太尴尬。这段经历使我评估了我生活中的其他关系，并反思我是否在认真和持续地存款，尤其是那些我们最信赖、长久的关系，它们最容易被视为理所当然。

如何应用

评估你的情感储蓄账户

1. 确定一段重要的关系。

2. 他们的“货币”是什么？如果你不知道，就去弄清楚！

3. 写下你还没有为这个人做过的三件事，这些事会成为他情感账户的存款。确定何时以及如何存入这些存款：

（1）何时行动：________________ 如何行动：________________

（2）何时行动：______________ 如何行动：______________

（3）何时行动：______________ 如何行动：______________

4. 写下你过去做过的三件事，这些事情可能是无意的提款，而你还没有去弥补的。确定你将如何在必要时做出补偿，以及如何在未来避免这样的提款。

（1）____

（2）____

（3）____

实践 9

审视你的真实动机

你的动机与你的价值观、行动一致吗？你知道你的潜在动机是什么吗？

如果你还不了解，你或许要考虑实践9：审视你的真实动机。

如果你不审视你的真实动机，结果可能是：

- 你会被卷入无意识的习惯和惯例，忘记内在价值观与目标，导致无效的结果。
- 你可能在没有愚弄他人的时候觉得自己愚弄了他人：你的动机比你的言语或行动的声音更大。
- 你开始忽略你的价值观以及那个你真正想成为的人。

凯文失望地看了公司公开发送的邮件。那是他花了几个月时间制定的完整技术策略，他对这项研究进行了检查和复查，研究了市场分析，他已经对这个策略烂熟于心了，而且为了找到合适的合作伙伴，他花了大量时间反反复复与供应商沟通。他写了一份书面计划，提交给他的老板山姆。山姆赞扬他的提案有洞察力和独到的见解，并在不同地方提出了一些建议，但最主要的是，老板接受了整个提案。

“这个作品非常棒。你是一个了不起的人才。”山姆和凯文说了这句话，他很感激这种赞美。虽然他为此做了大量的工作，但还是值得的。

或者至少在他看到公司的邮件之前，他是这么想的。

山姆在邮件中宣布了几项即将推出的技术计划，其中剪切和复制凯文完成的“技术策略”的内容。但邮件中并没有任何迹象表明该计划是来自凯文。虽然山姆没有明确地为自己的计划邀功，但邮件暗示山姆是这项计划的负责人。忽然，凯文从他那几个星期的辛勤工作中得到的满足感变成了怨恨。为什么山姆总是这么做？

凯文给山姆发了一封邮件，要求第二天早上一起吃早餐，山姆接受了。也许我会告诉他我要辞职，他心想。至少，我要让他知道，我已经厌倦了他拿每个人的工作邀功。他到底在想什么？

●●●

动机是你采取行动和你所说话语的根本原因。有健康的动机，也有不健康的动机，我们稍后将在这一章中探讨。没有人能告诉你你的动机是什么。他们可能会尝试，但你是唯一知道你为什么这样做的人。

想象一下，如果我们像驾驶飞机那样对待动机。飞行员有自己操作的时刻，这属于有目的行动，但大多数飞行都是自动驾驶的——超过90%。将飞机交给自动驾驶仪可以让飞行员专注于其他事情，比如导航、通信和系统操作。然而，当谈到人的动机时候，允许我们的动机在后台简单地运行是有很大风险的。

最近，我的朋友杰瑞给我讲了他的故事。几年前，杰瑞被提拔为高级领导职务。就在他像我们所有人一样，对这份工作感到兴奋时，他也会有一些自我怀疑。我准备好扮演这个角色了吗？我会犯一个让我看起来很糟糕的错误吗？如果我失败了，别人还会尊重我吗？

杰瑞的老板，一个聪明的人，把他拉到了一边，给了他一些非常具体的建议："虽然这个职位看起来很不错，也能实现你的收入目标，这一点很重要，但从现在开始的几年里，没有人会记住你到底赚到了什么数字，"他说，"你留给别人的遗产——你如何帮助他们成长，以及你允许他们在成长过程中犯错误——这些才是最重要的，也是他们会记住的。"尽管完成目标很重要，但如果你忽视了沿途的人，你所做的一切都不会有持久的意义。

杰瑞听从了老板的建议，选择了一个作为领导者应有的更加健康的动机。起初，他竭尽所能地成就他的员工。但他无法摆脱一种挥之不去的恐惧，那就是，他可能无法完成自己的工作。他不仅担心自己会犯错，还担心自己团队中的其他人所犯的错误会对他产生不好的影响。

当杰瑞的团队成员莉莉有机会与知名作家和演讲者进行一系列的电台采访时，杰瑞最初的动机发生了改变。这个机会将促进莉莉的事业，为她提供巨大的成长机会，而且很可能是在她的能力范围内。杰瑞回忆起了自己要成就员工的动机，他和莉莉谈了她的这个机会，并提出在接下来的几个月里给她提供访谈技巧的指导。但正如经常发生的那样，优先事项间的冲突顺理成章地出现了，紧迫的事情纷至沓来，随着时间的推移，杰瑞意识到他并没有把自己估计的时间预留出来指导莉莉。

杰瑞的不安全感（你也可能称之为不健康的动机）跑了出来。这是一个非常重要的项目。如果她让这个项目吹了怎么办？人们会怎么看她？人们会怎么看我？他知道但却选择不考虑进去的是，莉莉一直在自己练习，而且她已经做好了准备，并为即将到来的访谈而感到兴奋。按照大多数人的标准，莉莉一切都已经准备就绪。但在最后一刻，杰瑞败给了他的不安全感。他失去了他最初的动机，把这个机会给了一个他认为更有经验的人，去准备访谈任务。杰瑞在没有认真思考的情况下就诉诸自动驾驶仪，这段关系受到了打击。

“没有给她提供我所承诺的必要指导，就让她做这件事，太危险了。”他对我吐露，但我知道这个决定困扰着他。

“是什么促使你做出改变？”我问道。杰瑞想了一会儿。

“嗯，我喜欢给人们提供表现和证明自己的机会，”他回答道，“但这次刚好时机不对。”

“哦？”我问。“那么，怎么才能让它成为对的时机呢？”

杰瑞开口说话了，但结结巴巴，“我也不知道……”

因为我们是朋友，我很了解他，所以我问：“有没有可能，你真正的动机并不是为你的团队成员提供一个机会？”

“你什么意思？”

“我想我要说的是，如果你必须退后一步并准确地指出你为什么这样决定，那答案将会是什么？”

杰瑞想了想。“老实说，我不想让采访失败。我担心如果它真的发生了，我会是那个必须为此负责的人。我现在努力工作，就是不想让别人把事情搞砸了。我想这听起来有点刺耳，但这就是事实。”

我们聊了很久，杰瑞回顾了他老板给他的建议。在个人反思的一瞬间，他意识到他已经失去了那个重要而健康的动机，取而代之的是不安全、不健康的动机。他开始疏于执行成就他人的目标，开始偏离航向——不是故意地，也不是突然地，而是随着时间的推移一点一点地偏离。这种转变不是故意的、险恶的改变。这就是让我们的动机继续自动驾驶了，我们最终被卷入了无意识习惯和惯例，尽管我们的意图是好的（这可能就是为什么通往地狱的道路是平坦的）。

值得赞扬的是，杰瑞后来向莉莉道歉了，并再次努力关闭他的自动驾驶仪，转而思考最重要的是什么，这让他想要的健康动机成为了他真正的动机。

要抓住健康与不健康动机的定义，我想借用马丁·路德·金博士从圣·托马斯·阿奎那引用的一句话，选自他在“伯明翰城监狱”写的一封著名的信，“任何提升人类人格的法律都是公正的。任何贬低人类人格的法律都是不公正的。”我认为这是有道理的，它可以解释我们在这一章中对动机的新定义。

健康的动机：任何能提升他人和我们自身之境况的动机。

不健康的动机：任何降低他人和我们自身之境况的动机。

考虑一下不健康的动机与健康动机之间的区别：前者是要胜过他人，后者是为更好添一分力。沃尔特·迪士尼追求高品质，不断挑战他的艺术家和幻想工程师，考虑什么是可能的，然后走得更远。在他眼里，他团队中的每一个人都能做出贡献，增加价值，他们提供的远比迪士尼的客户支付的更多，或者期望得到的更多，每个人都能为团队变得更好添一分力。与迪士尼团队形成鲜明对比的团队是：每个人都在竞相强调他的贡献，不管他贡献了什么，每个人都想胜过他人。我们周围就有这样的人，他们总是想成为一个项目或一项成就最有贡献的人，总是想胜过他人。

如果我们不注意，我们的动机最终可能会变得不健康：有时受到恐惧、愤怒或悲伤的驱动，有时还会受接纳、权力或安全感等未满足的需求的驱动。我们经常忙于日常生活与工作，忘记了审视我们真正的动机，也没有去质疑我们作出的选择。但是，如果我们定期审视我们的动机，我们就可以开始理解两种动机之间的区别——不安全感或其他未满足的需求驱动的动机，及与我们最深刻的价值观相一致的动机。

你有过不健康的动机吗？考虑以下几点：

- 你为什么在会议中提出具体意见？你是想为讨论增加价值，还是只是想让老板以为你很聪明？

- 为什么你坚持自己做所有的事情，而不是把它委派给那些愿意提供帮助的人？你想节省时间，还是害怕失去掌控？

- 为什么你会主动给同事提建议，在这个过程中冒犯他？你是真的想帮忙，还是觉得自己比他更聪明？
- 为什么你从来不说不，经常做别人的工作？你是否真心想要提供这项服务，还是你已经确信这是你唯一能给团队带来的价值？

为了帮助你检查你的真实动机，尝试做以下三件事：

1. 使用五个为什么。
2. 选择富足的心态。
3. 表明你的意图。

使用五个为什么

在20世纪80年代末，作为丰田生产系统制造伟大汽车的一部分，五个“为什么”被曝光。系统的一部分包括：五个为什么。方法很简单：问五次“为什么”才能找到问题的根本原因。用该系统的开发者大野耐一的话来说，“不带着先入之见观察生产现场……就任何事项问五个‘为什么’。”

我们也可以用这个技巧来了解我们的根本意图或我们在任何情况下的动机。因为这些动机可能被埋在多年的习惯之下，所以要不止一次地询问为什么。起初，对五个“为什么”的答案可能是显而易见的。但是，如果你以诚实和谦虚的态度去练习，通过思考就可以帮助你了解你的真实动机。

这里有一个关于五个“为什么”如何起作用的例子。几年前，我们正在重组一个部门。我们会见了部门领导约翰，分享了调整的原因、时间安排以及谁会受到影响。约翰一直都是个了不起的人，尽管他有一些强烈的顾虑和观点，但他说他理解这个决定，并表示支持。约翰将向他的整个团队告知这个决定，并与人力资源部门合作，帮助那些由于重组而离开公司的少数人。我们有一个两个月的时间来完成过渡。

在初次见面的几周后，我打电话给约翰，想看看他的进展如何，并惊讶地发现他还没有进行任何对话。

“约翰，我们现在只剩六个星期了，”我说，“你在等什么？”

约翰告诉我，他想知道我们是否还能再见面。我问他是否不再支持这一决定，他回答说：“不，我仍然很支持，但我想知道我们是否考虑了所有的后果。”

“你认为我们还需要讨论哪些其他的后果？”我问。

“我不确定。”他回答。

“我们等待的时间越长，受影响的人开始建立关系网，寻找其他机会的时间就越少。”我解释道。

约翰赞同并表示他将在第二天开始打电话。我懂约翰，我可能已经猜到他为什么要拖这么长时间了。如果约翰把这五个“为什么”应用到他的拖延症上，那就可能是这样的：

1. 为什么我要拖延打这些电话的时间？因为我不知道我是否赞同这个决定。

2. 为什么我不知道是否赞同这个决定？因为这改变了我们的运营方式。

3. 我为什么担心改变？因为改变是很困难的。

4. 为什么我相信这种改变会很困难？因为这涉及到要求人们做一些事情，他们可能不同意。

5. 为什么我会担心要让人们做一些他们可能不同意的事情？因为在我的整个职业生涯中，我一直在努力避免冲突，并在涉及敏感问题的对话中挣扎。

我之所以拖延，是因为我不同意这个决定，这是因为我想避免冲突。

一旦约翰和我讨论他迟迟不进行这些艰难对话背后的真正原因，我就提出在每个电话中参与进来。他这才松了一口气，我们的电话在第二天就得到了处理。

以诚实的态度看待自己，我们需要很大的勇气、谦卑和自我意识。如果你没有看到检查你的动机和培养你的品格的价值，你的动机可能会服务于你的自我，而不是服务他人。

本节不是想让你对自己的动机感到内疚，也不想让你为满足未满足的需求而感到羞愧。这不过是为了帮助你更清楚地察觉到任何不健康的动机，这样你就可以选择将它们转向更健康、更丰富的动机。当你意识到你的动机是由其他事情驱动的，而不是提升我们自己和他人的境况时，要耐心对待那个渴望满足自己需求的自己。然而，也要认识到自己可以选择不同的动机。一旦我们发现了一个不健康的动机，我们该如何走向一个更健康的动机呢？试着选择富足的心态。

选择富足的心态

我们中的许多人习惯于相信，世界上所有事物的数量都是有限的——只有这么多的奖励、信用、认可、福利，甚至连爱情也是如此。正因为这样，你得到的越多，相对的我得到的就越少。这种信念形成了我们在富兰克林柯维所称的稀缺性心态，它产生了潜在的恐惧动机。有了惧怕所造成的世界观，我们很难将注意力从自己身上转移走，并考虑到其他人的需要。

由本森·史密斯和托尼·鲁蒂格里亚诺所著的《发现你的销售优势》一书中，一个关键结论是，最好的销售人员并不总是能成为最好的销售领导者。为什么？因为创造高收入的人往往是竞争的，销售人员也应该如此。当一个销售人员转变成销售领导者，去带领一个销售团队，他最后可能赚得比团队成员多。因为对于他来说，很难采用互赖的心态，很难转变对成功的定义，以及内在的动机，即从追求个人成功到追求集体的成功。但除非他们能像关心自己的胜利一样更深入地关心团队的胜利，否则他们将很难创造一个优化团队绩效的工作环境。

相比之下，我想起最近有一位经验丰富的高管展示了富足的心态是什么样的。他在酒店业工作，并邀请我们的首席执行官和高管团队会面和参加每周的会议。在实践了我们的一些管理方法和流程之后，酒店领导们想要展示他们新近获得的业务执行能力。

物业总经理对我们的到来表示欢迎，告知我们酒店是他们的旗舰店之一，有近四千名员工。他承认，有这么大的员工队伍，有些日子他感觉他经营的是一座城市而不是一家酒店。在邀请分区领导来展示他们的成果之前，总经理花了一些时间来描述他们的文化，包括他们所取得的成功以及面临的一些挑战。他告诉我们，他邀请了所有主要业务的领导人来参加每周例会：家政、食品和饮料、工程、销售和餐饮等。在他们进来之前，他想和我们分享他的个人愿景。

“作为这个组织二十多年的员工，以及这个行业的资深人士，”他谦逊地说，“我经历了一段非凡的旅程。因此，我有幸获得了公司的总裁俱乐部奖，并多次获得公司奖励的旅游机会，而且我多年来一直珍视这段经历。”

他接着说了一些我永远不会忘记的话：“但既然我已经拥有了人一生可能想要或需要的所有玻璃和水晶奖杯，我想要把我的目标说得更清楚一些。实际上，不是我的目标，我说的是我的遗产。我想确保我团队中的每一个人——每个即将走进这个房间并做报告的人——获得他们的荣誉。我希望他们每个人都能取得总裁俱乐部及其他更多的奖项。就像他们做的，我希望他们在接下来的许多年里，把同样的愿景传递给他们的同事，等等。”

你可以看到并真切地感觉到这个人的意图是纯洁的。他的愿景比他自己的成功更远大，那就是他的团队取得更大的成就。我认为，他在组织内部能上升到如此高度，他的观点和视野是关键原因。

为了检验你是稀缺还是富足的心态，阅读下面的每句话，并圈出你认为你处于这个坐标的哪个位置：

只有这么多，你得到的越多，对我来说越少。　　　　每个人都能有很多东西。

1　2　3　4　5　6　7　8　9　10

别人的成功对我是威胁，特别是那些最接近我的人。　　　　我为别人的成功感到高兴。

1　2　3　4　5　6　7　8　9　10

我对待不同职位或身份的人尊重程度不同。 —— 我对所有人都同等尊重。

1　2　3　4　5　6　7　8　9　10

我很难分享认可或信用。 —— 我很容易分享认可或信用。

1　2　3　4　5　6　7　8　9　10

我的自我价值观来自与别人的比较或竞争。 —— 我有着深刻的内在自我价值和安全感。

1　2　3　4　5　6　7　8　9　10

如果你在各个方面得分都很低，那就练习用富足的心态去思考。与其老是想着你没有的东西，不如开始专注于你所拥有的。对身边拥有的事物，花点时间欣赏或表达感激之情，而不是抱怨没有的事物。想办法和别人分享你的富足。

富足的心态是建立健康动机的主要基础。当你建立起这份真实的、真诚的、积极的愿景时，它将成为影响你身边的人幸福的关键因素。

表明你的意图

斯蒂芬·M. R. 柯维是柯维博士的长子，他是当时柯维领导中心的首席执行官，也是畅销书《信任的速度》一书的作者。斯蒂·M. R. 柯维在书中写道，“表明你的意图，呈现你的动机，然后忠实于你的意图。”意图是动机的另一个代名词，清楚表明你的动机是建立信任的核心行为之一。

虽然我们在很大程度上是根据自己的意图来判断自己，但其他人却以我们的行为来评判我们。你是否曾经在开车时遇到这样的情形，有人在你旁边的车道上，没有变道提醒就决定改变车道？这种情况每次发生在我身上，我都很震惊，也有点生气。虽然我不认为大多数人会有意地恐吓或伤害我，但我确实会认为他们粗心大意。他们忘记了使用他们的转向灯，也不去想他们没有交流自己的意图所带来的潜在的负面影响。当我们无法与他人分享自己的意图或动机时，也会发生同样的事情，尤其是在开始一段艰难的对话、开始会议或写一封重要邮件的时候。正如我在本章内容开始时所提到的，只有你才知道你真正的动机。然而，有时如果我们不及早沟通，我们就会让其他人处于假设或猜测的位置，就像在没有打转向信号灯的情况下改变车道。当你时常并尽可能快地表明你的意图时，你可以很容易地让别人放松（并避免很多误解）。

不久前，我和一个同事德鲁进行了一次艰难的对话。由于业绩下滑，我们让他写了一份书面的绩效计划——我们要给员工一个机会来实现他既定的目的和目标。在与他和他的上司会面的开始，我这样说："德鲁，我想让你知道我们在这次讨论中以及这个绩效计划的唯一的意图，是帮助你在你的角色中取得成功。我们希望与你分享我们在你绩效中看到的差距，这样我们可以帮助你在这些方面有所改进。这是我们唯一的意图。"

这是一次艰难的对话。然而，因为德鲁知道我们是在帮助他，而不是简单地赶他走，我们能够做到透明。几个月后，德鲁告诉我：他在执行他的绩效计划时做得很好。

"托德，"他坦白道，"我想让你知道我在第一次会议上有多紧张和不舒服。我太紧张了，听不到任何人在说什么。但当你告诉我你的“唯一意图”是帮助我成功的时候，我的恐惧就消退了。我相信你。所以我可以开始倾听和听到别人说了什么。”

在另一个场合，我们的信息技术部门出现了一个严重的问题——我们的一个员工泰勒在工作时间在他的公司电脑上访问不合适的网站。我的工作是和他对质，只能说这是一个非常尴尬的对话。在考虑如何处理这个话题之后，我邀请他到我的办公室。我本可以从我们的政策手册开始，阅读针对合理使用公司资产的部分，或者我可以引用信息技术部门的报告。但相反，我决定从表明意图开始。我感谢他与我会面，并说：“泰勒，我需要和你谈一件非常严肃的事情。我对你有很多的尊重，我们需要讨论的是很重要的问题：如果你不改正的话，你就有可能丢掉工作。请你了解，我的意图是确保这件事不会发生。”

我们接着讨论了形势。泰勒本可以否认，找借口，甚至责怪别人。但他没有。他承认了这一点，并向我保证这种事不会再发生了。

后来，在他被调出国后，我们在机场相遇，并短暂地聊上了。当我们结束时，我转身走向登机门，他说：“嘿，托德，我能和你分享一些东西吗？我知道几年前我让你处于一个非常尴尬的境地。我只是想说，我非常欣赏你处理这件事的方式。我不知道你是否记得，但你告诉我你的意图是帮我保住工作。你本可以用完全不同的方式来处理谈话。即使我不觉得我应该得到你的尊重，但你却那样做了。”

表明意图有几个目的：

- 它为一段关系的发展提供了一个安全的环境，让另一个人对真正发生的事情作出回应，而不必猜测和怀疑桌面之下发生了什么。

- 它创造了透明度和稳定性。如果不说出来，在出现高度情绪化或者某种让你可能改变决定的情况时，你的动机很有可能会发生变化。

- 它可以使人们在行动上达成共识。让人们知道该寻找、认识、理解和承认什么。

对于那些处于自动运行模式和被埋在日常生活和无意识习惯之下的动机，我们不停下来检查，就不能有意识地将它们转化为健康的动机，山姆在与凯文的早餐会面时即将经历这些。

●●●

第二天早上，他们在附近的一家餐馆见面。山姆伸出手，握着凯文的手，但立刻感觉到有什么不对劲。他们坐好后，凯文开门见山。

“你给公司的邮件让我有点惊讶，”凯文说，“你知道我在这个提议中投入了多少工作——多少个晚上和周末我都在努力加班，但你没有提到任何有关这些。似乎整个技术策略都是你的主意。”

这一指责击中了山姆，几乎让他感到身体上的压力。“我总是给你赞扬的，凯文。”

凯文回应：“当然，当我们一对一谈话的时候，你会给我表扬。但当涉及到公司的电子邮件公告之类的事情时，感觉就像你在做所有的工作一样。”

山姆的脑海中浮现出许多想法，他说得对吗？在公共场合我真的不给我的团队成员荣誉吗？我为什么要这么做？

“你没有提我是整合那个计划的人，是有什么原因吗？”凯文问道。

“没有，我不觉得是有什么原因。”山姆说。他道歉了，并告诉凯文，凯文给了他很多要去思考的内容。

山姆一直都没有积极地把功劳归功于其他人的努力，因为在内心深处，一个无意识的动机在自动运行，他希望确保公司的每个人都将他视为创新和成功的领导者。

在接下来的几天和几周内，山姆想到了凯文说的：为什么我没有把这更多的成果归功于团队的成员？

因为它让你看起来很棒，一个无声的声音在他的脑海里回答。

对山姆来说，这是一个分水岭。他后来遇到了凯文，问他："你能给我一个改正错误的机会吗？"

"当然。"凯文说。

"从现在起，"山姆回应道，"我向你承诺，在未来我会公开认可你和团队其他成员的成就。"

多年来，我和山姆共事，我看到他已经学会停下来审视他的动机。当我们努力发展与他人的关系时，了解我们的动机和对他人的意图会有无尽的力量。

如何应用

审视你的真实动机

1. 思考并找出一个高风险的情景，清楚地描述你想要的结果。

2. 问自己"为什么"，尽可能多地找出你想要结果的根本原因。（尽可能诚实地描述你的动机。）

（1）为什么？__________________________________

（2）为什么？__________________________________

（3）为什么？ ______________________________

（4）为什么？ ______________________________

（5）为什么？ ______________________________

3. 列出动机后，问问自己这些问题：

a. 什么动机是自私的，需要我注意（不健康的动机）？用“x”标记出来。

b. 哪一种动机为我和他人（健康的动机）服务？用圆圈标记出来。

c. 哪个动机最符合我的价值观？用星星标记出来。

4. 如果他人注意到你采取自私的动机（标有“x”的动机），他们会看到什么，他们会有什么感觉？在下面写出你的答案。

5. 如果他人注意到你的行为动机与你的价值观一致（以星星为标志的动机），他们会看到什么，他们会有什么感觉？在下面写出你的答案。

6. 选择你将采取的行为动机。

实践 10

少说，多听

在倾听他人时，你所带的意图是回答对方，还是理解对方？

如果你倾听的意图是回答，你或许要考虑实践10：少说，多听。

当你做不到少说多听的时候，结果可能是：

- 如果他人在说一个问题的时候，你几乎无法触及问题的核心。
- 你将失去影响他人的机会。
- 那些原本尊重与信任你的人，变得与你疏远。

想象一个20世纪50年代的情景喜剧，在黑白电视机上，在一段恰当的主题音乐前奏之后，我们发现一对已婚夫妇同一时刻几乎进行的是两个截然不同的对话。它可能会像这样：

约翰坐在厨房的桌子旁，旧吸尘器零散地摊开放着，他手里同时翻阅着使用说明粗糙的书页。他几乎没有注意到他的妻子芭芭拉就坐在他对面的一个座位上。

“约翰，我得跟你谈谈。有一件很重要的事。”

“当然，当然。”约翰拿起一把螺丝刀，开始摆弄东西时回答道。

芭芭拉皱眉。“你在听我说话吗？”

“当然，我在听，亲爱的。”约翰尽可能愉快地回答道，他拧开了螺丝，打开了老吸尘器的除尘袋。

他的妻子吸了口气。“我想我们应该邀请我母亲搬来和我们一起住。”她大声道，紧张地看着约翰。

约翰摇摇头，对面前坏掉的吸尘器皱着眉头。“如果你问我的话，我觉得这个旧袋子有点问题。”

“约翰！”他的妻子惊呼，“你说的可是我母亲！”

约翰侧过身来，心不在焉地咕哝。“肯定有一两个螺丝松了。”

芭芭拉喘着粗气，抱起双臂。“我从来不知道你有这种敌意！”

约翰叹了口气，他被吸尘器彻底打败了。“你知道，道理只有一条，这个老女人已经很衰弱了，所以就不值得再试着把她留在身边了。除了占用空间，当你需要她的时候，她从来不做事，况且老实说，从去年夏天，她身上似乎就有种异味。”

“不会吧，我从来不知道你有这种想法！”芭芭拉惊声喊道，站了起来，冲了出去。约翰从他正在忙活的项目中抬起头来，比以往更困惑。“抱歉，亲爱的，你说了什么吗？”

此时，电视观众爆笑声中一段商业广告插了进来。

●●●

多年来，电视剧作家们一直使用错位交流方式来起到很精彩的荧屏效果。不幸的是，现实生活中，我们多说少听这种倾向会让我们陷入真正的麻烦。当然，在急于解决问题并做好事情的时候，我们所有人都有一种自然而然的倾向，就是直接说。我们很擅长这个。想想这些年来你可能上过的伟大的沟通课程。虽然被称为“沟通”，可是它们却几乎全部是关于如何传递或呈现信息的。你找找看，有没有一个沟通课程是关于有效倾听的。

在古希腊人流传下来的各种各样的格言中，也许古典哲学家基提翁的芝诺提供了一条最实用的：“我们有两只耳朵，但只有一张嘴，所以应该多听少说。”现在，你不能用这样的逻辑来辩论。但事实是，当我们只说不听时，我们几乎总是为此付出代价。

作出快速的决定和判断，往往会导致有误的解决方案、错误的假设、狭隘的观点和误解的事实。结果，我们剥夺了他人自己解决问题的机会。当我们没有花时间真正倾听时，不仅我们提出的解决方案是无效的，而且会威胁彼此的信任。想象一下你喉咙痛、头痛，去看医生，但她没有听你描述你的症状，而是看了一眼你的膝盖，写了一个治疗的处方。你以后还会再来吗？你会再次相信这个医生吗？虽然这个例子听起来很荒唐，可我们中的许多人却一直都是在诊断之前就开处方了。

我是在父亲担任我们小联盟棒球队的教练时，第一次体验到了没有倾听的坏处。我不是一块做运动员的料，打棒球不是我的第一优先事务。尽管一直和我爸爸在一起，但我对我们的练习，甚至我们的比赛，都很少关注比赛的相关规则；相反，我利用这些时间作为社交时间来和朋友们闲聊。在几场我反复被三振出局的比赛后，在一场特别势均力敌的比赛中，我是下一棒。我通常害怕这个位置，因为我可以生动地想象自己一次接一次的挥棒未中被三振出局。然而，当我看到前面的击球手，我注意到他根本没有击中球。然后，令人难以置信的是，在连续四个球和四个拒绝之后，裁判挥手示意他。我惊讶地看着他，无所顾忌地，慢慢地慢跑到第一垒。场上这个新信息改变了一切！我最终想出了如何挽回面子，并同时跑垒。

我急切地把我的位置带到了本垒板上，对这项运动有了全新的赏识。我喜欢不去打球的想法，然后走第一垒。为什么没有人让我来做这个自由的选择？所以我就这么做了。我把球棒放在我的肩膀上，甚至没有想到要去挥一挥。我依稀记得我父亲和其他球员对我大喊大叫。但再一次，我没有在听；那只是噪音。我知道自己想做什么，我下定决心要做这件事。

三个球接连过来。然后，让我惊讶的是，裁判喊道："三振，你出局了！"

"什么？"我问道，不明白发生了什么事。

我没精打采地回去交给下一棒，在回到队员休息区的途中，我在想，我究竟做错了什么？难道我没有像我应该的那样不击球吗？如果格雷格在没有击球的情况下走到第一垒，那么为什么我得回到队员休息区呢？

和教练爸爸一路难受又漫长地开车回家，我意识到我在练习过程中与朋友交谈，而不是去听去了解球和好球之间的区别，最终造成了让我失望的结果。即使是在击球的时候，当时我有最后的机会去理解的时候，我却非常专注于我想要的（轻松地走到第一垒），因此才没有听到任何场上喊向我的好建议，我误解了发生的事情。虽然当时很尴尬，但这是一个很好的教训：避免看起来像傻瓜的最好方法之一就是倾听你周围的人，尤其是你的父亲。

多说少听的负面影响

想想某次当你感到被人误解的时候，你的感觉如何？也许你会反驳，发泄你的愤怒和沮丧。或者你感到害怕或拒绝，也许发誓再也不向那个人敞开心扉了。不管反应如何，每当我们感到被对我们重要的人误解（不是真正的听到），我们就会感到不被尊重，内心受到了伤害。我们甚至可能经历一种无意的破坏信任的行为，就好像连接关系纽带的重要部分被切掉了。

我记得以前和一个叫加里的新销售员一起工作，他是一个新的销售人员，他勤奋地工作，试图获得一个潜在客户的业务。获得这个客户将是他迄今为止创造的最大交易，并将使他能够达到年度收入目标，从而有资格获得一份不错的奖金和梦寐以求的总裁俱乐部成员身份。在七个月的时间里，加里与潜在的客户多次会面，他认为他发现了他们的主要关注点。然后，他在与客户的谈话中强调（可能有点强调得太过了）他找到了他们具体问题的解决方案。这个方案是他做出来致力于解决他们具体问题的。他认为他有他们所需要的东西。

正当加里以为客户准备敲定交易并签署合同时，他接到了客户的电话。“非常感谢你花时间为我们做咨询。但我在和我的伙伴们交谈之后，我们决定走一个不同的方向。”加里很是震惊。在经历了最初的失望之后，他很想知道客户这样决定的背后原因是什么，几天后他打电话给他的联系人。

“我们找到了一个不同的供应商，他能更好地解决我们面临的一个独特问题。”那个人告诉加里，并分享了问题的更多内容，以及为什么它让他们如此困扰。

加里听到解释时感到很困惑。“但我们在一起的所有对话中我们甚至从未讨论过这些。”他回答说。

“没错，”那个人继续说道，“老实说，我试着在好几次会议上解释我们面临的挑战，但谈话总是不断地转向你提出的解决方案，以及你的方案是多么完美地符合我们的需求。坦率地说，另一个供应商的提问帮助我们发现了一个根本问题，一个我们一开始并不认为重要的问题。一旦她帮助我们发现了它，我们就知道她的解决方案会更好，因为她理解我们的需求。”

那天，加里上了一堂艰难但有价值的课。由于太快提供解决方案，他错过了倾听和发现那个真正需要解决的问题的机会。

> “当你终生都能够在更想说话的时候选择倾听，你得到的回报会是智慧。”
>
> ——道格·拉森，报纸专栏作家

少说多听的正面影响

你能给予别人的最重要的礼物之一就是你对他人真诚的理解。要做到这一点，就需要清除你杂乱的思绪，暂停（至少暂时）你的议程，并暂停足够长的时间来关注和倾听到对方真正在说什么。当谈到建立有效的人际关系时，我经常注意到的一句著名格言是：“与人打交道，快就是慢，慢就是快。”细心的、没有偏见的、倾听的耳朵会给人们一个难得的机会，让他们感到被理解。有些心理学家认为，这是我们所需要的一个重要礼物，如同我们呼吸的空气一样重要。身心投入为人们提供了一个安全的环境，让他们可以学会倾听自己，评估自己的行为，诊断自己的问题，并想出自己的解决方案。

我不会告诉你有多少次人们来找我解决问题，结果他们自己解决了问题。在谈话的最后（这真的相当于我简单地少说话多倾听），他们知道他们需要做什么。例如，上周，一位名叫亚历克的员工来找我，抱怨他认为在团队项目上的工作量分配不公平。

“对，我一直都是这样，”他有些生气地说，“还记得去年我完成的任务数量是其他人的两倍吗？”

我回答说：“你似乎觉得你经常吃亏。”在接下来的一个小时里，我就说了这么多。我坐在那里听着，偶尔转述他的话。以下是我在谈话中使用的一些语句：

“听起来你感到有点不知所措。”

“你不觉得别人和你有同样的负担吗？”

“平衡工作和你的个人生活的挑战似乎越来越艰巨。”

谈话中间，我还问了一些厘清思路的问题：

“这让我想起去年发生的事情，以及你当时是如何处理额外工作的。”

“我知道你的团队领导非常依赖你。他知道你的感受吗？”

亚历克说得越多我听得越多，他就越明白他需要做什么。为了整理自己的想法和感受，他想出了一个主意。我们在会议结束时，亚历克排练了他和老板的一段非常勇敢而又考虑周到的谈话。

“谢谢你说的话。你总是有很好的建议。”他离开时说。他走了以后，我笑了。我根本就没给他建议！他最后是自己在向自己提供咨询。在这种情况下，这才是一切的关键。

为什么我们做不到少说多听

除了我们疯狂且忙碌的生活，还有什么让我们变得多说少听？我来提供一些想法：

1. 我们被训练得多说话。如前所述，我们接受各种各样的课程来成为更好的沟通者、演讲者或更有说服力的谈判者。但我们很少去上课学习如何倾听。

2. 我们骨子里是修理工。我们大多数人都想尽快找到解决办法，并且没有任何恶意，我们只是想帮忙。我们倾向于认可修理工是那些值得表扬的人。

3. 世界很匆忙。在当今世界，我们生活在一个简洁快节奏的社会。信息每一分每一秒永无休止地在向我们袭来。我们所有的沟通方式都已经发展成“我们能多快沟通”，我们能多快地插话打断彼此，已经很司空见惯了。

4. 我们总是想要正确。柯维博士这样总结道：“就像大多数人一样，你想先寻求别人的理解，你想表达你的观点，但你这样做时，你可能会完全忽略对方，假装你在倾听，选择性地只听到谈话的某些部分，或者只关注于说出来的话但完全忽略了意义。大多数人听是为了要回答，而不是去理解对方。”

这些原因导致我们在富兰克林柯维所说的自传式聆听。简单来说，你思考和说的每件事都基于你的观点。虽然别人在说，可是你倾听的却是自己（你自己的故事），在脑海中准备你想说什么，或者你想问什么。你通过自己的经历过滤所有你听到的东西，然后以你自己的故事为标准检查你听到的内容。当你进行自传式聆听时，你最终会在谈话之前过早地决定人们的意思，这会造成巨大的沟通分歧。

自传式聆听会让你在人们要求之前就给他们提出建议：

“哦，几年前我也遇到过同样的问题，我所做的就是……”

“我认为你忽略了事实。”

“如果我做的是你的工作，我就告诉他们……”

“如果我是你，我会以这种方式准备会议……”

自传式聆听会导致听者提出过多的问题，不是为了在问题上获得更多的理解，而是为了满足我们自己的好奇心：

“这件事发生的时候你在哪里？”

“你为什么这么说？”

“你用这种方法试图实现什么？”

不幸的是，当我们通过自己的故事和经历来过滤别人的话语时，我们会根据我们在相同的情况下所做的或感觉到的，得出结论。或者更糟的是，因为我们可能对这种情况感到不舒服，所以我们就自己提出了一个能让我们感觉更好的解决方案。我们常常害怕，如果我们过于仔细地倾听，我们可能会受到对方的影响，而不能坚持我们的方式。虽然我们会很自然地过早下结论或很快地用建议来回复问题，但是这会让人觉得我们在评断或评价他们——肯定没有在听他们说话。这还会让人们更加固执己见，不太愿意看看其他替代方案。

●●●

科琳在英国长大，但在美国工作了十五年。虽然她想念她的家人，可是她已经在美国有了自己的生活，并且非常擅长为她的公司主导一些引人注目的项目。在其中的一个项目进行过程中，她接到了曼彻斯特一家医院的紧急电话，告知她她的父亲突然去世了。她很痛苦——她既没有时间做准备，也没有办法陪在家人身边。短暂的几周过去了，科琳从父亲的葬礼回来后，她的母亲患上了一系列疾病，导致两个髋关节置换和心脏病发作。在这一个重要的时刻，她害怕失去母亲，也不想离她这么远，在14个多月的时间里，她往返曼彻斯特四次，帮助照顾她的母亲。每次探亲后回到工作岗位，她都会说她的母亲越来越沮丧，自己也对从各样失去中恢复感到疲惫。

可以理解的是，她的母亲开始失去改善自己身体的意愿，避免理疗预约并孤立自己。在第四次探亲后，她几乎筋疲力尽，身心疲惫，她接到了母亲医生打来的电话，医生告诉她最新的消息：她的母亲急需做一次心脏手术。如果她不努力从之前的髋关节手术中尽快康复，她的母亲在不到一年的时间里肯定会死去。问题是，她的母亲反对再一次手术。

"我不会这么做的，科琳。"她妈妈在电话里对她说，"我不喜欢手术，我无法应对了。"由于害怕失去母亲，在花费了大量的精力去帮助她康复后，科琳开始采用自传式回应：你必须做这个手术！你不能放弃。你必须继续前进。

但科琳最终还是让自己停下来，她没有再和母亲争论，也没有控制她，也没有告诉她应该做什么，她只是听着。当她的母亲与她分享恐惧时，科琳开始透过母亲的眼睛看事物。"你似乎真的很担心再次去医院，"她回答，后来，"当你说过去的18个月太难了，我真的明白了，你觉得你自己无法解决这个问题。"

科琳花了30分钟时间进行真正的倾听，而不是让她的母亲按科琳的议程来走，只是试图理解和同情。最后，在表达了恐惧和焦虑之后，她的母亲说："你知道，我真的想活着看孙辈长大。"

即使这样，她也并没有冒出那些鼓励的话语或把话题转到她自己的议程上，她只是简单地回应她妈妈说的话和感受："能够成为他们生活的一部分，这种感觉很特别，不是吗？"

"是的，我想了解孙子们更多的生活。随着年龄的增长，与他们共度时光也越来越重要。"科琳的妈妈打开了自己的心扉，问道，"我做手术的时候，你能再回家一次吗？"

"当然能，妈妈，我能做到。"

经过片刻的沉默，科琳的妈妈继续说："好的，我会做手术的。"

在整个谈话过程中，科琳从来没有建议她的妈妈做手术，哪怕那是她非常想要的。通过倾听才明白，她可以暂停她的议题，让自己倾听母亲以前做过的手术有多痛苦，以及她是多么孤独和害怕。科琳意识到，把她自己的焦虑强加给她的母亲是不公平的——她的母亲有权为自己的生活做决定。在电话的末尾，科琳表达了对她生病的母亲感到非常同情，如果她的妈妈决定不接受这个过程，科琳也会支持这个决定。

两个月后，她来到了英国，是为了母亲的康复而去。她后来告诉我，如果她那天没有花时间在听她的电话，她不确定她的妈妈是否还会在世。

如何做到少说多听

做到少说多听，要注意一个重要方面，那就是，虽然好的倾听是有技巧的，但在倾听时要有正确的态度才是最重要的。如果你擅长倾听的技巧，但对理解对方不是真心感兴趣，你就会失败。相反，如果你不懂技巧，但你的意图是真诚的，人们就会体会到你真诚的关心，往往选择暂且相信你说的话。

在我们讨论细节之前，请理解，少说话多倾听不代表同意别人说话的内容。当我谈到倾听的时候，人们经常会反驳说："我不能让他们继续下去。我不想让他们认为我同意他们的观点。"你可能最终会不同意某个人的说法或感觉，但当你在听的时候，你并没有把你的观点强加于人。你没有试图想办法让他用你的方式看问题。相反，你只是暂停你的观点，让你真正踏入那个人的世界，并试着从他的观点来理解。这种方法听起来很简单，但这是最难掌握的心态之一，特别是在你完全反对那个人的观点或你带着太重的个人情绪时。掌握这个技能，需要有非常高的成熟度。（请参阅本书中的其他几章，了解如何提高你的成熟度。）

几年前，我们调整了对销售领导的薪酬计划。我们产出最高的一个人给我发了电子邮件，告诉我他对这一变化感到很心烦。我的电话响了，我看到他的名字弹出来。

“谢谢你接我的电话，托德。”他说。

“别客气。我知道你们对我们为什么做出改变有很多疑问，我很乐意回答。但首先，我真的很想听听你的担忧。所以我现在就来听听。”

他继续说道：“我想告诉你我为什么难过，并和你分享我的一些同事的感受。”

“好的，”我回答道，“那会对我们有所助益。”他把剩下的时间都用来分享他的挫折，以及新计划对他和其他人的薪酬所产生的影响。有几次我回想起我听到他说的话，我并不赞同或不同意他的意见，但我只是寻求理解。以下是我在这个通话中说到的：

“你不觉得你的薪酬应该和你属下新销售人员的收入紧密相关吗？”

“你似乎对新计划很失望。”

“你觉得我们的薪酬计划变化太频繁了吗？”

我还在电话中问了几个直接的问题：

“你认为你的新员工可能达到什么样的收入目标？”

“我们能做些什么来支持你实现这一目标呢？”

一旦他踏实地感觉到我的意图是理解他的时候，他就开始问更多关于为什么我们要更换计划的问题。我尽我所能解释了原因。我们聊了大约三十分钟时，出乎我意料的是，他说：“我原本希望我们能等到今年年底再做出调整。但在谈话之后，我不知道是否会有比现在更好的时间。你知道，如果是我负责的话，我可能会做同样的事情。”因为我没有着急解释或捍卫公司的立场，我的同事有了机会发泄。一旦他感到被理解了，他就能更好地回报这个恩惠，倾听另一个观点。

现在，请不要误会——我并不是说你所要做的就是倾听，然后解决方案就会神奇地出现。在适当的情况下，也要多说少听。通常，我们都有必要去给出建议，给出明确的答案和方向来完成工作。但有时做相反的事情也很重要。当一个人非常情绪化，或者当情感银行账户余额很低时，或者你不确定你是否完全理解，这些情况下，你几乎总是会得益于少说话。通过仔细倾听和理解，在你给出建议或解决方案之前，你才能更好地掌握实际问题。一旦你能准确地处理局势和当事人的感受，他会感到更受尊重，信任也会增加。

一旦你有了真正倾听的态度，就该运用技巧了。这是违反直觉的，但却非常简单。就是回想刚才他们说了什么，他们的感受是什么。虽然简单，但当你带着真诚的心去做这件事情，就产生了魔力：它让说话者更清楚地意识到他的感受，它将听者带入一种罕见的同理心状态，并在彼此间建立了信任和融洽关系。

少说多听的影响

几年前，在一个我们的培训课程中，我们有一个非常强大的活动，可以测试个体能够有多贴切地理解他人的观点。我们分享下面这个真实故事来说明以上的的情况：

●●●

DB理查兹（化名）在19岁的时候，被征召到越南战争中。经过一年的战斗，他请假回家，在一家当地的酒吧里陷入一场混战。酒吧老板让那些人到外面去，他们在那里继续着争论。一度，DB掏出一把枪开始射击，后来他说他这么做只是为了驱散人群。不幸的是，子弹击中一个年轻人并导致他死亡。随后，DB被判10年监禁，但在第二年，他逃脱了。他爬到栅栏下，消失在人群中。在接下来的25年里，他得到了一份工作，交了税，买了一套房子。他从来没有触犯过法律，独自一人生活。最后，那个被杀的年轻人的妹妹，在互联网上找到了DB，并逮捕了他。

在这个活动中，我们会问班上的参与者，如果他们是法官和陪审团，他们会怎么处理DB。他们必须在把他关进监狱和放他走之间做出选择。这两个选择，班级参与者的选择基本上是一半一半。我们将每个参与者与另一个持相反观点的人组成一组。然后，他们就会被指示轮流听对方说话而不是自己开口说话。只有当一个人感觉到自己的立场完全被对方理解时，对方才能开始分享他的观点。这个活动结束后的讨论很有趣。我听到一次又一次，参与者们分享在他们花时间去理解另一个人的观点时，他们的思维方式的变化是多么令人惊讶。很少有人会宣布他们完全改变了主意。但他们会说，"我绝对能理解为什么我的同事会有这样的感觉，而我现在看这个感觉有点不同了。"

少说多听让人感觉是有风险的。这是一种只有高度情感成熟的人才能掌握的实践方式。当我们足够成熟，有足够的能力去把我们自己的议程抛在脑后，去深入了解那些对我们重要的人的心灵和思想时，我们不仅能更快地解决问题，而且还能给他们提供我们最好的自己。少说多听是对彼此的深刻理解。正如柯维博士所言，“人心最深刻的需要是感受到被理解。”当我第一次听到这句话的时候，感觉它似乎是有道理的，但我还想知道这是不是真的。然而，在与我生命中最重要的人多年的经历之后，我可以说，至少对我现在来说这100%是真的。

如何应用

少说，多听

开始练习少说多听。

1. 找一个你生活中重要的人，一个能从真正的倾听中受益的人。

2. 与那个人交谈，唯一的目的是听明白，而不是回答。

3. 在谈话中，记住你不需要同意或不同意他们的观点。只要转述你听到的内容，反映他们所说的和他们对他们自己的感觉。（注意：你也可以不说任何话，只是听！）

4. 向一位你信任的同事或朋友描述你的体会以及你所学到的。

实践 11

恰当使用你的优势

你是否经历过你的某个重要优势对你不起作用了？

如果有过，你或许要考虑实践11：恰当使用你的优势。

如果你不能恰当使用你的优势，结果可能是：

- 你不知道人们为什么会对你的优点做出负面反应，这也动摇了你的信心。
- 人们误解你的意图，然后开始避开你。
- “优势过度使用产生的杀伤力”可能会限制你的职业发展和信誉。

虽然面对着周六早晨的任务清单，我一点也不想待在家中，因为天气实在太好了。刚好接到了老朋友托马斯的来电。他说他正在寻找一个临时的高尔夫球友，想知道我是否能填补这个空缺。托马斯知道我不怎么算是一个高尔夫球手，而且我通常开个高尔夫球车也能像打了场高尔夫一样开心。但我认为他对我的公司更感兴趣，而不是我打高尔夫球的能力，这对我来说还好。我放下了我的待办事项，打算去打高尔夫球，然后出门了。

几分钟后，我在停车场找到了托马斯。他在打电话，看上去很激动。“当然，我理解这些后果，”托马斯一边说一边来回踱步，“但我认为在我们都满意之前，我们不应该把它发布出去。”

汤姆看见了我，示意我过去。“我不担心它需要多长时间，”他继续说，用他的空着的那只手摩擦着他的太阳穴，“这是关于正确性的问题。我并不是指大部分都是正确的，我的意思是每一行代码都需要完美无缺。所以我认为我们只需要推迟发布，直到我们都满意为止。”托马斯把电话塞进口袋，朝我的方向走去。

“很抱歉，”我们见面握手时，他说，“只是和合伙人有一些碰撞。不管怎样，谢谢临时赴约过来。”

“这是我的荣幸，”我回答说，“谢谢你的邀请。一切都还好吧？”

“还好，”托马斯说，“我只是认为我们要付出必需的代价去把事情做好，这一点很重要，这件事确实很令人沮丧。”我知道托马斯在一家软件公司工作，他们公司做一些网络分析相关的事情。

“这边走。”托马斯边说边向俱乐部的房子走去。

“我差点没有及时赶到。”

“哦，我们不要着急，”托马斯说着，突然转向一个小板凳。他放下他的球杆，坐下。“等我一分钟。”

“呃，当然。”我回答说，一边看着他拿出一条小毛巾，几支小刷子，一罐泡沫清洁剂，还有他包里的一个工具。他取出一个高尔夫球杆，用泡沫喷洒它，然后开始擦拭。

“忘了清洗这支杆，是吧？”我问道，看着一对高尔夫球手走过。

“保持表面清洁对有良好的表现至关重要。”托马斯回答。

“同样的道理，专业的球童会在每一次击球后擦拭他们球员的球杆。”托马斯用完毛巾了，但他没有拿下一个球杆，而是抓起一把小刷子开始在个别的凹槽上清洁。“如果有任何污垢或草，它会改变球的旋转。当然，持续连贯的旋转才会打得更准。”

“嗯，我们都想要做到更准确。”我表示赞同。

托马斯说：“这就像写代码一样——你必须花必要的时间去做好事情。”他最后看了球杆一眼，把它放回自己的包里，然后再伸手去拿另一个。当我想到其他十三个等着被同样照顾的球杆时，我的心都沉了下去。我看了看表。

“看来我们准备好了现在。”我说，“如果我们抓紧时间，我们还可能会赶上。”

“好的。”托马斯回应道，但是如果说他担心迟到，那他肯定没有表现出来。相反，他重复了泡沫、毛巾和笔刷的程序。“你知道1960年的高尔夫平均得分是多少吗？”他一边继续忙着，一边问。

“嗯……不太知道。”

“一百，”托马斯回答，拿了另一支替换他现在手上干净的球杆，“想想过去50年里发生的所有事情——俱乐部的创新、我们如何教学和实践，以及所有的新技术。所有这些大的变化，猜猜今天的平均分是多少？”

“不知道。”

“一百。所以这说明了一些事情。”

“有吗？”我问道，紧张地瞥了一眼俱乐部的房子，又一对高尔夫球手走过去。

“它告诉我们，重要的不是大的事情，是小事情——人们不会去想的东西。比如保持球杆的清洁。”

“如果你愿意，我可以帮你一把。”我说。

“谢谢，但我对如何清洁球杆特别在意。不要见怪。”

“没关系。”我说，把自己的球杆放下，在板凳上坐下。我感觉我会等上一段时间。

过了将近二十分钟，托马斯才完成了他的球杆清洁工作，赶到了开球台。高尔夫用品零售店的服务生竭尽全力重新整理了日程安排，把我们挤进去。托马斯向他道了谢，完全没有注意到那些准时出现的人们的恼怒目光。在外面，我把我的发球杆从包里拿出来，忍不住注意到一对正在等我们的高尔夫球手，双臂交叉，怒视着。

“为了做好事情去花一些时间是值得的，”托马斯在准备挥杆时宣布，“你会看到为什么值得。”

●●●

我们都有天生的优势（在托马斯的例子中，对细节的高度关注）。在通常定义优势时，《牛津英语词典》使用了诸如影响力、权力、强度和效力等描述符号。利用和培养我们独特的优势，很大程度决定了我们是怎样的人。无论是作为我们与生俱来的天赋，还是随着时间的推移我们培养起来的能力，我们的优势往往是我们把事情做好的首选方式。它们已经在我们的行为中根深蒂固，我们经常不去想我们是如何利用它们的，也不考虑它们会对他人产生什么样的影响。

我希望你能想象一下，运用你的优势就像一个音乐家在舞台上表演一样。为了让音乐有预期的效果，需要把音量调到合适的程度，表演场地也要准备得非常合适。

合适的音量

想象一下你的优势，就像扩音器上的旋钮。当你把它转到更高的设置时，你会得到更高的音量。你有过在跑步或在健身房时戴耳机的经历吗？通常我们第一次选择的音量在几分钟后就会觉得不够大，所以我们通常会把音量调高一点。如果你像我一样，在一次锻炼的过程中，这种音量的提高会发生好几次。不断提高音量的趋势经常发生，导致许多音频设备发出警告，让你知道你可能会让你的听力置于危险之中。这是不是很奇怪？我们居然会把音量调这么高，而我们竟意识不到这对我们造成了危害。

这让我想起了我借我儿子的车那次经历。我一转动钥匙，音响轰鸣起来。声音太大了，几乎要击穿我的耳膜。我急忙找按钮来关闭它，不过由于我没有经常开车，我按了半天才找到对的按钮。我坐在那里，耳朵似乎还在响着，我想知道我儿子是如何在如此高的音量下安全驾驶的。

我们的优势经常以同样的方式发挥作用。我们习惯于在一定程度上使用它们。然后，在没有意识到的情况下，我们往往变得更依赖这些优势。我们一点点地转动旋钮，这不知不觉地使它不太可能实现我们真正想要的结果。最糟糕的是，我们冒着破坏人际关系的风险。看一下下面的表格，以此为例，如果我们把音量调得太高的话，优势是如何开始对我们产生负面影响的：

优 势	当音量调得太高时
有方法。你以系统、高效、训练有素的方式完成你的工作。	不活跃。你因为过度分析导致无法作出抉择，并且进度缓慢。你周围的人因缺乏进展而感到沮丧。
实用。你专注于有效和高效的实用解决方案。	悲观。你总能找到不做某事的理由。你被视为唱反调的人，而不是能领导、启发或激励他人的人。
高效。你有条理，有能力，尽量减少时间浪费。	不够灵活。你渴望完成事情，把周围人的投入隔绝在外。你的同事觉得你不信任他们，或者不重视他们的观点。结果，你失去了他们具有创造性的能量，错过了意想不到的发现和解决方案。

优 势	当音量调得太高时
开放的心态。你愿意以一种没有偏见和非评判的态度来看待新的想法。	意志薄弱。放弃你的原则，总是赞同你所听到的最新想法，哪怕你有不一样的看法。你不太可能坚持你相信的解决方案、计划和决定。人们知道你总会屈服，不会尊重你。
忠诚。你坚定不移地支持他人，对他人忠诚。	容易轻信。你可能选择忽视那些对关系或形势产生负面影响的明显问题或缺陷。你忽视了别人身上的危险信号，让自己的盲区扩大。
包容。你能适应并考虑他人的想法和意见。	过度参与其他所有人的问题。你很容易就会透支自己，有耗尽精力的风险，而更重要的事情则会被搁置一边。每件事的质量都受到影响，你无法把少量的要事做好，琐事倒做了不少。
充满激情。你被热情和强烈的信念所激励。	让人筋疲力尽。你的热情和精力变成了急躁。你开始跳脚，跨越界限，坚信其他人并不像你那么在乎工作。总是狂躁的你会一事无成。
信心。你有自信和自力更生的态度，能积极地激励别人。	傲慢自大。专注于自己的自我重要性和优越感，无法激发出他人的信任和忠诚。人们感到不受信任，因此变得疏离，缺乏创见。
果断。你能快速有效地作出决定。	鲁莽。在你获得必要的信息之前，你就会鲁莽行事，并将人员和项目置于危险之中。结果，你的同事觉得他们的意见没有被听取，可能会停止出席或参与。你过早地作出承诺，其中一些你不能或不应该恪守。
有远见。你用想象力和智慧来规划未来。	成为一个空想家。虽然有远见和梦想很重要，但一个空想家仅仅满足于梦想本身，而行动则是被落在了一旁。
有主张。你直率而自信，可以在需要时作出大胆果断的决定。	刚愎自用。你以一种傲慢而又常常有损别人人格的方式来维护你的意志。

在来到富兰克林柯维之前，我和马特一起工作。他是一个非常有才华的人，在他的领域获得了两个学位。马特有很多优势，他以追求高质量的成果而闻名。这样高效而有条理的马特应该是在通往高级管理层的快速轨道上。但是相反，他的事业停滞不前。每次当一个备受瞩目的项目浮出水面时，总是会被交予马特团队的其他成员，通常是那些技能一般而且没有受过良好教育的人。虽然他是那种能控制住情绪的人，可我还是想知道这一连串的失望是否挫败了他。

有一天，马特问我是否愿意给他一些诚实的反馈。我很乐意帮忙。他表示自己越来越感到沮丧，因为他没有被安排在更大、更显眼的项目上工作。当时这还是一家小公司，所以我知道马特有一种难以共事的名声——他的专注力和干劲有时被认为比较死板、苛刻，过于消极。我所合作过的最成功的团队成员不仅有高超的技能和经验，而且具有敬业、热情和积极向上的精神。当和马特一起工作时，这些技能并没有出现。我努力想办法在不伤害人的情况下分享这些反馈。一种情况就是说，“你可能需要更多的经验”，或者“也许你可以在某一特定的技能上下功夫”。另一种就是，直接说，“人们就是不喜欢和你一起工作。”但既然马特咨询我的意见，我也真的想要帮忙，我就向他分享了我的观点。我特意举了一些具体的例子，以便他可以看到正是他过度使用优势，导致了他不想要的结果。

我提醒他回忆，我们在团队会议中为客户问题集思广益寻找解决方案的时候。当马特不同意一些建议时，他会说“这永远不会奏效”，而不是感谢每一个提出的想法的人，从而打消了大家对创意生成过程的热情。我反复强调他是多么聪明和有才智，但他效率优势的音量给人留下的印象是，他想成为唯一的天才，把所有人都甩在身后。我还分享了一些他发送的电子邮件，在这些邮件中，他的语言很“粗糙”，接近恶劣的边缘。马特说：“我只是想要去尊重人们的时间，并确保我们尽快得到结果。”几分钟后，我意识到马特完全没有意识到他的风格和方法产生了一个负面的名声。

然后我们讨论了人们在感觉到被拒之门外或被落下时所做的事情，他们会停止参与。尽管他的想法在很多情况下都是正确的，但忽视其他人的投入却损害了他的效率。我们还讨论了在他的用词选择上的一些调整，可能会使他的电子邮件的语气从生硬和苛刻变成友好和协作。

马特给我留下了深刻的印象。他开始寻找机会来实施我们讨论过的想法，而不是感到被冒犯或感觉受到伤害。虽然效率对他来说是一种重要优势，但他没有失去，只是把这种优势调到了正常档位，他的方式更加柔和，承认并鼓励其他人的贡献。没过多久，我听到他的同事这样评价道，“在昨天的会议上，当马特肯定了我的想法，而不是把它否决掉时，我感到非常惊喜。”还有人说，“马特听进了我的话，喜欢我的建议。”

渐渐地，马特开始看到他的项目更有效地向前推进，因为他注重人际关系。结果，他开始自然地把优势调到了合适的档位。最重要的是我们不再担心马特会削减团队的士气。马特也发现自己被邀请参加更多的项目团队，这让他的职业生涯重回正轨。

和我们很多人一样，马特也没有意识到他在自己的优势上把音量调得太高了。他的意图一直都很好，只是很容易依赖过去一直为他服务的优势。就我自己，我有一个惊人的世界知名的优势，那就是谦卑。开玩笑的。但我相信我有包容的力量。像我们的许多优势一样，这构成了我完整生命的一部分。现在总体说来，这似乎是一件相当不错的事情，不过太多的包容是会让你陷入对你或许不应该负责的人和事物的责任感中。你最终试图帮助每一个人，每一个地方，而这些有时是巨大的个人成本。在写这本书的过程中，除了做我的全职工作，我一位面临工作危机的同事突然请求我替她做一次演讲。像这样的请求可能会有压力，因为这个需要准备。我在写这本书的时候会花去很多时间，我仍然有我所有的日常责任，而且我想继续履行我对家人的承诺。立刻，我的心在尖叫，不可能，托德！这些砸向你的东西太多了。你不能把所有事情都做了！我想包容她的需求，帮她把这个演讲从她的任务列表里划掉。她也希望我能帮助解决工作危机；我想要去帮忙，因为我关心这一切。

我的包容能力开始接管这个问题，因为这是我的一个强项，我放手给它。当我的大脑继续拉响警报时，我的嘴巴张开了，我说："好的，我会照做的。"然后我就开始在脑子里计算：如果我把睡眠减少到每晚5个小时，我很可能能挤出时间来做这件事。我也可以重新安排我的周末计划，只是为了确保万一。但就像我儿子把音量开得过高一样，我不认为我的决定对我周围的人有什么影响。我将给图书项目组增加额外的负担，因为我当初承诺的日子现在无法兑现。虽然我认为我可以保留周末，可是事以愿违，只要有一件预期之外的工作问题，或是但凡我算错了我的工作时间，我的周末就会成为泡影，而我的家人将承担我过度行方便的代价。更糟糕的是，当音量调得过高时，所有的事情都会受到影响：我的书结果也不是那么出色，发表的主题演讲也不是那么引人入胜，而且与最重要的人之间的关系也不那么理想。

没有人会为了一个不好的结果，调高自己的优势。然而，这种事却经常发生。如果我们的优势被设定得过高，这时候调低它往往会使我们的优势产生更好的成效。我承认这种做法似乎是违反直觉的。我们习惯了诸如“挺住、下苦功、完成它”这样的口诀！虽然这些都有它们自己的道理，可是知道什么时候该做减法，往后退一步，还是只是简单回绝说不，这是一种智慧。在我自己的这个故事中，我原本可以通过解释我所承受着的压力来拒绝主旨发言这个邀请，也可以量力而为地帮我的同事找到一个同样有能力的替代者。如果我这样做了，我就能一直忠实于我的所有关系，同时还能做到一直包容。我还可能有时间写一章“花样游泳以及与其并行的策略计划”，但遗憾的是，我不得不削减一些事情。

公平地说，我们可能会无意中鼓励人们提高他们的优势。用来衡量优势的许多工具都传递了这样的信息。考虑一下众多的360度个人优势调查报告，它们会给你的优势进行排名，并且提出，你的得分越高，你做得越好。表面看来这似乎是个合理的前提，但研究人员鲍勃·卡普兰和罗布·凯泽发现了一个问题。“这类工具忽视了一个重要事实：更多并不总是更好，当他们的优势通过过度使用而成为劣势时，高管们就会失去他们工作。”对任何有越多越好这样内在前提的优势测量工具都要保持怀疑。

合适的地点

在这章的前面部分，我建议你考虑像舞台上的音乐家一样发挥自己的优势。我分享了提高音量的风险，因为我们变得太习惯当前的音量，或者相信越多越好这个假设而调高音量。与我们的类比一致，我们也应该考虑我们表演的地点。也就是说，有时获得正确的音量意味着选择另一个优势，或者意识到当下的场地或情况要求的是另一种优势——一个可能不是你与生俱来的和可能需要开发的优势。

我的一个好朋友和我分享了一个他以前的首席执行官的故事。这位企业家的优势在于他能够集中精力并快速实现成果。公司刚开始运营的时候，明显能看到他自己一个人多么成功，在大型会议上发表主题演讲，并以稳定的速度写出文章、博客和几本书。他有做好一家初创公司的技能。然而，当他的公司开始成长，增加了更多的人才和不同的个性时，他的强劲实力开始对他不利。主要表现就是，他开始对任何错误、小问题或障碍不耐烦了，进而出现对员工和过程进行微观管理的倾向。他经常会为自己的行为辩解，说他只是在做自己，并且他这样的风格是发展业务所必需的。他会说："嘿，看，我们今天之所以是我们现在的样子，是因为快速的转向和快速的决策。"他允许自己把音量调到更高的水平。

他要求他的团队具有创新精神，但当没有产生立竿见影的效果时，他就会对这个过程提出质疑。几年之内，人员流动率开始增加，离开的既有新员工也有经验丰富的员工。留在公司里的人了解，让首席执行官远离他们的最好方法就是即使不忙也要显得很忙，小心不要犯明显的错误。人们需要做出一张满负荷运作的记分卡，并显得自己在以近乎疯狂的速度做大量工作，来取悦他。员工敬业度减弱。不幸的是，首席执行官不能或者是不愿承认"地点"的变化：他的公司已经从一家初创公司发展到了一个快速发展的企业。虽然老场地需要高度的独立专注力和快速的敏捷度，但成长中的公司需要的更多是相互依赖——有目的地寻求他人的想法和耐心，去解决不可避免的小故障和因人员增加带来的障碍。他与许多有才华的团队成员的关系开始破裂。那些不能或根本不愿意装作很忙碌的人，或者是需要一个更安全、更令人鼓舞的环境来开启他们一身好本领的人，开始辞职离开了。今天他的许多原始团队成员已经不再为他工作了，而他的公司正在失去市场份额。

生活中，我们会面对很多的场所，最重要的是从工作到家庭。我们应该特别小心这一点，在我们的职业生涯中为我们服务的优势不一定就是我们家庭和重要人物所需要的优势，反之亦然。把音量调到合适的档位，重要的不仅仅是在必要的时候把我们的优势发挥出来，而是要确保我们在正确的时间和正确的情况下使用正确的优势。我不知道我的高尔夫球友托马斯是否可能犯同样的错误……

●●●

托马斯的天性是做事有条理，而他似乎也享受那个分析过程。我相信这是他成为一个优秀程序员的原因。但我也想知道，他是不是没有把握好自己在这一特定优势上发挥的程度。我向身后的高尔夫球手示意，邀请他们一起玩。托马斯给了我一个好奇的眼神。

“那是怎么回事？”托马斯问。

“我觉得，在知道了那些家伙一直在等我们的时候，我可能无法做到专心玩。”

“我明白，”托马斯说，“让人们一直等着会让你感到不舒服。但我想我不会，我的合伙人可能也会和你有同样的想法。”

“你是说你之前的电话？”我问。

“是的。我想推迟产品发布，他们为此很生气。他们不明白我们需要时间来确保一切都是正确的。”这听起来很合理，但我想知道托马斯的合伙人所经历的是不是和我在高尔夫球场上的经历相似。

“那么，在你的世界里，正确应该是什么样？”我问道，“我的意思是，我也一直得时不时更新下软件。软件哪有一步做到位的？”

“你的说法和我们的营销团队一样，”托马斯回答，“我想，你的一些说法是对的。虽然软件总是在变化，我们努力跟上步伐，但我们不能危及质量。但营销团队很烦，因为他们将要错过最后期限。”

“因为你放慢了速度，就是想把它做好？”我回答。

“是的，”托马斯表示赞同，“但我认为，最后期限不应该阻止我们尽可能地提高质量。”

“那么，你怎么平衡这些事情呢？”我问，“就是，在开发过程中对敏捷度的需求，要在发布日期前完成任务，而且还要确保所有的质量有保证。”

“你要考虑优先顺序。对我来说，质量保证永远是优先选择，即使它意味着错过发布日期开个把天窗，或三个天窗。”

“三个？”我实际上是在喘着粗气。我不是技术领域的专家，但我曾服务过足够多的公司，知道经常错过产品发布可能会导致严重的后果。

“我知道。三次延迟会对业务产生负面影响。”托马斯坦白道。

“拜托，请不要把这个当作冒犯。我知道以细节为导向是你的一种优势——我一直钦佩的能力。我是说，看看你这些高尔夫球杆。你几乎可以用这其中的任何一根吃饭了，它们那么干净。”

“我就当你在赞扬我好了。”托马斯微笑着说。

“然而，我们最终还是迟到了。”我继续说，“这反过来又影响到其他准时出现的高尔夫球手。所以我想知道，你有这种特别的优势，可惜是不是因为它们发挥的水平过高，才导致你忽略了大局。”

“所以你是在暗示我和我的合伙人有折中的余地？”

“虽然不管怎么说，我都不是一名程序员，但这种做法是正确的。我曾经多次遇到过这样的情况：人们有时需要退后一步，确保他们的强项是为他们工作，而不是妨碍他们。”

“好吧，我来思考一下。”当我们在发球台上就位的时候，托马斯这样说。

在开车回家的路上，我想知道我把自己的优势设置在什么音量上——尤其是关于给他人行方便的那个优势。我决定在头脑里列出一个清单，重新安排我即将做出的一些承诺，这样我就可以把高质量的时间集中在一些重要的事情上，而不是做所有的事情。顺便说一下，把我的高尔夫球杆擦亮不在这张单子上。

如何应用

恰当使用你的优势

1. 找出你最擅长的三个优势。

2. 描述一下它的样子，以及你把它的音量设置得太高时，它会给你带来多大的影响。

3. 询问一位值得信赖的朋友或同事，他是否曾经见过你展示了下面图表所列的行为。如果是的话，让那个人描述一下情况和你的优势水平过高所造成的影响。

4. 思考你身上有哪个优势本可以更高效地发挥，并且思考今后你将如何恰当使用这项优势。

你擅长的优势	音量过高时的影响	音量设置的过高时的情景和影响	需要的新优势或调低音量的方法
积极主动	超越边界	上周的小组会议。罗丽因为我接管了她的工作而生气。	参与进去前先做好了解。

实践 12

向他人传达信任

不相信与相信他人，你是否更倾向于不相信他人？

如果是这样的话，你或许要考虑实践12：向他人传达信任。

当你没有做到向他人传达信任的时候，结果可能是：

- 你失去了他人对你的热情，也很难让他人对你的事全力以赴。
- 你确信你需要对所有事物进行微观管理，也因此，你失去了宝贵的时间。
- 你限制了各种可能性，并最大可能减少了你在工作和家庭中建立良好关系的机会。

瑞克是一家中型科技公司的营销副总裁，他刚刚获得批准要制作一个短片，以突出他们最新产品的主要特点和优势。他联系了他的一位朋友，这位朋友为瑞克的公司制作了许多获奖视频，他还向瑞克极力推荐了一家当地制作公司。瑞克让他的高级营销经理阿丽莎与制作方联系，沟通项目的范围和预算。制作方积极回应，他们可以完成瑞克所需要的，并寄送了作品样本。

“这些人真的很好，”阿丽莎在每周一次的团队会议上表示，她把这些样本发给了团队所有人员，让每个人都有机会看到这些作品，“你注意到他们赢得的所有奖项了吗？”

“另外，他们知道我们的预算，愿意在预算范围内来完成这件事。”另一个瑞克的团队成员补充道。但瑞克犹豫了。

“我还是不确定。”瑞克表示，他的团队对他的反应有点困惑。

“是因为他们没有达到什么标准吗？”阿丽莎问道。

“不尽然，”瑞克说，“重要的是我们要把它做好。”

“我们听听以前那些客户的参考意见怎么样？”另一个团队成员问。瑞克同意了，阿丽莎发出了请求。在接下来的一个星期里，他们收到了来自各种各样的客户的大量评论，他们都高度赞扬了制作团队和他们的作品。然而，瑞克仍然犹豫不决。

“我还没想好。”他告诉他的团队。

想知道他是不是在价格问题上悬而未决，阿丽莎提出了一个比制作方的标准价格稍微低一点的建议，并表明这将是一个赢得信任和未来业务的机会。制作方同意以善意作出让步，但当瑞克听到这个消息时，他仍然持有疑虑。

阿丽莎告诉他：“我们再拖下去就会影响到我们的制作期限。”

“我明白了。我能看更多的样品吗？”

“嗯，肯定是有的……”

“你当时为什么不跟更多别的客户谈谈呢？”瑞克继续说。

随着最后期限的临近，阿丽莎回到了她的办公室。她目不转睛地盯着她的电脑，艰难地构思着给制作方的下一封电子邮件。我们已经看到了他们的作品，我们在他们的客户那里做了调查，他们也降低了他们的价格。那么，瑞克还在等什么呢？

●●●

这个例子让我们回想起“实践8：评估你的情感储蓄账户”，信任是投资他人的最终结果。在“实践3：行事为人让他人能够信任”中，我们认识到，高尚的品格和优秀的能力是实现信任的根本。简单地说，当涉及到人际关系时，信任很重要。事实上，这是至关重要的。传达信任的实践不仅是对别人的信念，也包括把这个信念付诸行动。信任，要充分实现，必须传达给他人。

如果你把信任做一个连续坐标轴描述出来，你会发现坐标的一头是不信任和怀疑。在这里，你会发现瑞克的问题，他要求人们能够过度证明自己，才可以考虑放弃控制或向前进行。另一头是盲目的信任和轻信。在这里，你会发现像我姨妈这样的人，有轻信他人的倾向，她居然给一个匿名打来电话的人差点提供了她的社会安全号码（相当于个人身份证号码），以便获得地中海游轮度假、新轿车和她刚刚赢得的惊人数字大奖的消费账户（很明显是电信诈骗）。（幸运的是，我的侄女听到了电话，在任何可能很糟糕的事情发生之前就拦截了下来。）

有时，我们要么在两个极端，要么在中间的某个地方。但在过去的几十年里，我从观察和指导人们的过程中得出结论：大多数的关系障碍极少是由于人们过度信任造成的，而是由于人们信任太少而引起的。

导致人们不信任他人有许多因素。有可能因为我们的原生家庭，我们学会了怀疑，还有可能是我们的文化和社会条件让我们有了不信任的理由。例如，我的一个好朋友从小就学会了不相信别人，并把它当作是一个普遍的规则。有一天，她和父母和两个姐姐坐在车里，妈妈这样说："现在这辆车里的所有人都是你在这个世界上唯一可以信赖的人。永远不要忘记这一点。"我的朋友花了她大部分的人生来努力克服这个原生家庭思维定式的制约。当然，我们的所听、所读、所看可能让我们感受到的恐惧要多于信任，也可能让一颗天然有信任感的心封闭起来。

我的经验使我相信，我们不信任的最常见原因是过去的负面经历。通常是生活中的情感摩擦让我们无法信任。在我的朋友库尔特五岁的时候，他正在后院和邻居新养的狗玩耍。在玩得忘乎所以时，库尔特用力拉了一些狗的项圈，伤害了狗狗，而且让狗狗受到了极大的惊吓。这一举动使狗扑向库尔特，咬了他的脸。突然的事态变化吓坏了库尔特，他尖叫着跑回家，流血不止。他的妈妈把他送到急救室，在那里缝了15针，右眼下面有一大块瘀伤。由于这种严重的影响和消极的经历，库尔特采取了一个坚定的信念：所有的狗都很危险，不应该被信任。从那天起，库尔特避开了所有的狗。尽管他知道自己的信念并不是普遍正确的，但在58岁的今天，他仍然在避免与茶杯贵宾犬进行眼神接触。

不传达信任有什么样的影响

我们中有多少人有过与库尔特类似的信念——只不过是涉及人类方面？也许你曾在前一份工作中被老板或商业伙伴伤害，或者在过去的关系中有过糟糕的经历。或者，你可能会被新闻中不断出现的有关全球腐败故事的报道所影响。也许，就像库尔特一样，你已经得出结论，信任是不安全的。不管原因是什么，一旦我们形成了一个持怀疑态度的世界观（尤其是一种源自强烈情感经历的世界观），我们倾向于通过这种视角来看待一切。如果有人在过去把我们伤害了，我们很容易得出结论，认为没有人值得信任。当我们遇到新朋友时，它就会给我们对人的认知带来负面影响。当然，保持谨慎这一点对于我们安全地生存和生活至关重要。但生活在信任坐标轴的两端，会使我们自己和我们周围的人的生活变得困难重重。

亚伯拉罕·林肯说："如果你选择信任，你偶尔会失望，但如果你选择不信任，你就会一直很痛苦。"这句格言对唐来说是正确的，他是我在几年前曾经一起工作过的一位经理，他曾花了大量的时间和精力雇用了两位作家来适应部门不断增长的产品需求。六个月内，很明显，两个人都没有必备的天资来胜任这份工作，他不得不让他们离开。在业务关键时刻投资这些新员工数个月，给他和他的团队造成了很大的情绪动荡，同时也造成了巨大的生产力损失。

在这个经历的刺激下，唐开始对他之后面试的每一位候选人都产生了怀疑，因此，他过于关心最佳人选的审查过程，以至于他超出了公司的标准招聘流程。他认为听更多的观点能够减少错误，在招聘团队已经进行的三轮面试的基础上，他让每一个潜在的候选人再经过几轮面试。

虽然唐的不信任是有原因的，但是他对所有候选人的怀疑和这样的招聘流程都让公司付出了高昂的代价。额外的面试延长了招聘过程数个月的时间。他失去了许多合格的候选人，因为他们收到了其他公司的录用通知，而且缺乏工作人员导致错过了重要的截止期限。

当我注意到他所在部门的几个职位已经空缺了六个多月时，我和唐进行了一场透明的对话。“我知道你已经意识到你的人手不够，这种情况影响到了依赖你们生产的公司的其他部门。我想和你分享一些有用的东西。鉴于你最近的两次招聘经验，我知道你不愿意使用我们现有的招聘和审查程序。但可以让我跟你再多分享一点，在他们来到你这一轮之前，我们的招聘团队是如何筛选候选人才的吗？”

我接着解释了我们严格的筛选与招聘流程，以及它如何帮我们招到了一些最好的人才。当他听我解释整个审查过程时，我看到他开始感到更舒服了。在我们谈话结束的时候，他同意遵循别人正在使用的流程。更重要的是，他了解到了，由于没有传达信任，他拖慢了项目进度。他的团队，以及那些依赖他们的人，都在付出代价。他意识到，如果他招聘的速度加快，他也可以更快地发现和替换任何不合适的员工。

不管我们怎么努力，有时人们就是很难成功。因为我们都是人，所以偶尔会让彼此失望。然而，当我们陷入怀疑的时候，我们会把关系置于不利的位置，或者阻碍了它的发展，或者完全放弃了这段关系。

传达信任的好处

塞拉曾经在他们公司的人力资源部工作了两年。在例行的一对一会议中，塞拉的领导詹宁告诉塞拉，她在塞拉身上看到了很多潜力。她致力于指导塞拉，帮助她提高职业生涯所需的经验。在信任的激励下，她尽其所能地达到领导的期望。

在接下来的几个月里，詹宁成为了一个伟大的盟友。她继续把信任传达给塞拉，增加了她在公司里的责任和知名度。詹宁和其他领导班子成员很快就开始把塞拉看作詹宁卸任或者升职后的一个可行的候选人。

在一起工作了几年之后，詹宁在一次每周一次的会议中向塞拉吐露了一个秘密，“我上周学到了一个重要的教训，我认为你有必要听一听，可以从这个教训中获益。如果你能从我的错误中吸取教训，避免犯类似的错误，我认为你会更好一些。”詹宁继续透露，一周前，她高估了她为年度董事会编写几份新报告的能力。她假设（结果是错误的），她多年的经验会让她轻易理解新报告需要包括的数据。因此，她决定不把这个重要任务放在优先位置，而是认为她的聪明才智会挽救大局，并且让不那么重要、不够紧迫的事情占据精力，没有给新报告准备分配充分的时间。结果，不仅报告晚了，而且还没有完全准确，缺乏董事会所要求的详细程度。詹宁的糟糕判断让她的老板，首席执行官陷入了尴尬的境地。老板把詹宁拉到一边，在会议后斥责了她。

“我承认这是一个很严重的错误，”她继续说道，“我不应该如此漫不经心地准备那些报告。我本应该花时间去了解到底有多少工作要做。但我希望你能从中吸取教训，永远不要让自己处于类似的境地。”

塞拉感到惊讶，受到了很大触动。她的上司说话很透明而且有点脆弱。詹宁没有义务分享这些信息，也没有义务将这种信任传达到她身上，但她做到了。那天，塞拉对詹宁的尊重大大增加了。她从詹宁那里了解到，在詹宁的领导下犯错误不仅是安全的，而且詹宁的信任足够强大到让她承认错误，并能帮助塞拉成长。

没有信任，忠诚是不存在的。苏・道格拉斯，我的一位同事，也是我的好朋友，在她的作品《如何让员工成为企业的竞争优势》一书中提到了这一原则。当她还是麦当劳公司的一名重要高管时，她经常与其创始人雷・克拉克会面。她向我讲述了下面的故事：“有时雷不能在三十天的窗口期里把钱付给他的供应商。在将麦当劳建成全球品牌的早期阶段，现金流一直是个问题。所以雷和一家重要的软饮料供应商坐下来，解释说他有时可能会延迟付款，但他承诺他会一直支付，而且他做到了。

“这家软饮公司的善意回应在雷的内心形成了深刻的忠诚度。他向他们保证，他永远不会改变供应商。他们握手成交。直到今天，麦当劳仍然在和这家公司合作。当我和雷一起开车的时候，我个人了解到他的忠诚。他在我的车里发现了一件苏打水，这是一家对手公司的。他解释了那次握手协议对他是多么的重要——在公司成立初期他艰难地保持公司业务时，这家供应商给了巨大的帮助。

“然后他问我怎么可以从竞争对手那里买这些东西。当我解释说我喜欢那种稍微甜一点的味道时，他笑了，说我的味蕾肯定有什么问题。不久之后，一辆运货卡车停在我芝加哥的公寓前，为我提供了一年的这家软饮公司国外版的饮料，打了许多个蝴蝶结，还有一张来自雷的大卡片，上面写着：‘欧洲配方比美国配方更甜，不要不好意思，苏伊。需要的话，随时来要更多。我们忠诚于我们的伙伴，我对你忠诚。’正是这家软饮公司对雷·克拉克的信任，它永远获得了最大和最能带来利润的客户。”

如何传达信任

那么你怎么知道你是否应该传达信任呢？根据我的经验，最好的方法是始于高度的信任倾向，然后通过三个快速的评估来跟进。这需要综合运用你的头脑和心灵。

1. 对当前情况进行评估。首先，确定并考虑你信任这个人去做什么：每周按时向你提交报告？赢得一个重要的法律案件？出售一款软件？建造一支火箭吗？尊重并珍视你，直到死亡？

2. 评估风险。其次，评估潜在的风险：如果你信任的人失败、表现不佳、分心或失误，会发生什么？失败的代价非常高昂，还是你可以忍受付出这样一个学习代价？在这里要现实和客观。

3. 评估对方的可信度。最后，评估你所信任的人的性格和能力。你是否相信那个人诚实有毅力，能坚持到底？他是否有完成该任务所必需的经验或技能（能力）？如果没有，这个人有自律能力和有动力去变得成熟有经验吗？

一旦你做了这三项评估，你就能更好地确定你的信任落在信任坐标上的哪个位置：

- 如果风险相对较低，且对方的可信度高，毫无疑问，要传达信任。
- 如果风险高，可信度低，你可能需要放慢流程，修改你的计划，在你传达信任之前与对方一同努力提高他的技能。在某些情况下，即使信誉可靠，但风险太高，也不能立即传达信任。

你将尽可能快地进行这些评估，这样你就能避免在不值得信任的情况下传达信任的风险。例如，我们最近在创意服务部门雇用了一个人，期望他会指导其他人做一些最先进的图形设计程序。不到一个月，我们就意识到，虽然他对这些程序很了解，但他并不像我们需要的那样精通这些程序。虽然他的性格很好，可是我们没有做出尽职调查来彻底评估风险。我们最终浪费了宝贵的时间和资源，为他找到了一个新的位置，用其他人才替代了他。

我们评估得越好，我们错信的可能性就越小。但是，如果没有受到重大的原因的限制，倾向于信任的好处大于不信任。下面思量一下玛丽亚的故事。她从哥伦比亚来美国之后，在一家大型汽车经销店的一家分店里当了接待员，她高中毕业后没有再受过教育或培训。几个星期过去了，玛丽亚上班开始迟到了。她的老板拉里决定和她谈谈，找出原因。他了解到，玛丽亚很喜欢她的工作，也喜欢和他人相处，但她是一个单身母亲，她需要在工作开始前把孩子送到托儿所。她告诉老板，这都不是借口，但每天早晨让孩子准备好可能会拖延她的上班时间。她承诺她会找到一种有效的办法来解决这个问题。拉里决定向她传达信任：“我相信你，”老板告诉她，“你有天赋，你很擅长接待公众。我需要你在这里。如果你继续迟到，我就要让你离开了。但如果你未来能一直按时上班，我保证我会帮助你在这里做一番事业。”

在作出任何决定之前，拉里花时间来评估了当时的情况。他不是简单地给她发出警告，而是和她坐下来，以便更好地了解具体发生了什么。通过这样做，他了解了更多玛丽亚的情况和她面临的挑战。他还考虑了这些风险：考虑到工作的性质，可能有很多候选人可以填补这个角色。如果他传达了信任，而她又迟到了，这不会对公司有什么损失。她准时上班是很重要的，她没有这样做的后果也是微乎其微的。最后，拉里评估了玛丽亚的品格和能力。他了解到，她有动力去保住她的工作抚养她的孩子们，她也没有试图为她的迟到找借口。她已经承诺要解决这个问题，她说了很多有关她是什么样的人，以及她对自己能力的信心。

玛丽亚对自己早上的常规事项做了一些改变，第二天准时上班。她再也没有迟到过。拉里注意到她的奉献精神，以及她是如何巧妙地与客户互动来建立融洽的关系。他知道他的信任并没有错，他甚至怀疑玛丽亚能够胜任更多任务。几个月后，她要求老板考虑她在客户宣传部门的晋升。尽管她是一个好员工，但她之前做的工作和这个新的、要求更高的岗位之间的差异，可能对她来说要想胜任太过艰难。

拉里又花时间评估了一下。虽然她可能没有深入了解或认知如何解决新工作中需要处理的各种的客户投诉，但拉里知道其他员工愿意指导她。虽然玛丽亚缺乏经验，这让她在同龄人中处于劣势，可是老板拉里有足够的证据表明，她在与人打交道时学得很快，也很有技巧。拉里承诺提供一个机会，让她可以犯错和学习。玛丽亚事业腾飞了！她远远超出了所有人的期望，最终成为整个客户宣传部门的经理。

现在，你可能认为这是故事的结局，但事实并非如此。当玛丽亚的部门有职位空缺时，她推荐了何塞，一个没有受过训练的年轻高中毕业生。就像拉里对待她那样，她认为这个年轻人是可信的。尽管他缺乏经验，但她意识到他愿意学习，并从他的推荐人那里得知他有良好的职业道德。像玛丽亚一样，何塞很杰出！她最终雇用了他作为她的行政助理，让信任传播出去。

信任的传达是一个有关头脑和心灵的问题。当你开始倾向于信任的时候，你必须对这个人的可信度进行认真的评估，以确定是否要传达信任。

如果有人不信任你，该怎么办

有时候，无论你多么努力，你都没办法对不信任你的人证明自己。虽然你不能改变一个人的信任或不信任的倾向，但你确实可以影响它。你可以通过积极地增加你自己的可信度来让这个人来增强对你的信任：你的品格和能力。（参见实践3：行事为人让他人能够信任）

我的一个创业朋友艾伦，在有一张牌桌和窗户挂着床单的地下室办公室里开始了自己的事业。他面临一个机会，就是成为一家大型科技公司的供应商。艾伦毛遂自荐，提出负责该公司的多媒体销售培训，但他在公司副总裁的眼中几乎没有什么可信度。

“你曾经和我们这样规模的公司合作过吗？”副总裁在电话里问我的朋友，这通电话是这两位的一个共同的熟人促成的。

“没有，先生，还没有过。”艾伦回答。

“你有过为这个行业提供销售培训的经验吗？”

“还没有。”艾伦说。你可以想象接下来的谈话是怎样的。我的朋友希望这个公司能信任他，让他接手一个重要的项目，但副总裁改变主意的概率为零。艾伦意识到他需要证明自己，证明他有能力帮助他们的公司。

“你或许会有更小的项目，让我来为你们服务？”艾伦问副总裁，“一些低风险的事情？我会削减费用，能够支付成本就成。我的意思是，如果你给我一个机会，你会对我的产品感到兴奋。”

副总裁很有兴趣，因为风险（和费用）很低，他决定给艾伦机会。艾伦倾注了他的时间和天赋，制作了一个20分钟的培训视频，不同于任何公司以前见过的那些。副总裁印象深刻，并邀请我的朋友参加一个稍微大一点的项目。因此，艾伦一点一点地证明了他的能力和品格。在不到六个月的时间里，副总裁签署了一份大型的独家合同，完全信任我的朋友和他羽翼未丰的公司。（事情进展顺利，艾伦出去买了一张新的牌桌。）

有时，赢得信任需要坚定的决心，一次一小步去证明你的信誉，不要害怕去安排与你需要信任的人对话。简单地问：“你需要从我身上看到什么才能赢得你的信任？”虽然这似乎是显而易见的，但往往很明显，我们并没有做到这一点。一旦你清楚了解对方的期望，那就坚持去做那些已经被认可的行为，并定期检查。如果你愿意投资这个过程，你通常可以赢得别人的信任。

风险到处存在。即使在彻底评估之后，你也会被你信任的人所伤害。这件事偶尔发生在我身上，很伤人。但我仍然相信，在信任而非怀疑的带领下，我们将会获得更多的收益。这是瑞克和他的营销团队即将吸取的教训。

●●●

在接下来的一次团队会议上，高级经理与营销团队分享了最新情况。“就像瑞克要求的那样，供应商给我们寄了更多的作品和客户的名字，供我们联系。我从最新的客户那里得到了同样的反馈，他们都对作品很满意，并且会再次和供应商合作。”她停顿了一下，做了一个吞咽的动作，看起来有点尴尬，“瑞克还要求我推出最新的报价，减少四百美元。”

“我们不是错过了这个项目的开始日期吗？”其中一名成员问道。

“是这样的，”瑞克插嘴说，“但我相信一旦我们作出了决定，他们能腾出时间。”

“也许不太能……”高级销售经理补充道。所有的目光都转向了她。

“有问题吗？”瑞克问道。

高级经理低头看着她的手机。“我刚得到消息……供应商已经接受一个大型项目的预订了，而且在四到五个月的时间内都没空。”

“四到五个月？”瑞克重复了这句话，“我们不可能等那么久的。”

当整个团队在桌子周围面面相觑时，出现了尴尬的沉默。整个最后期限现在都处于危险之中，而市场部的声誉很可能会很糟糕。瑞克叹了口气：“我几乎是做好准备，就要扣动扳机了。现在你能明白为什么我很难信任别人了！”

如何应用

向他人传达信任

1. 确定你需要传达信任的人或情况。例如，雇一个新的供应商，给孩子一个新的责任，组建一个新的项目团队。

2. 对当前情况进行评估。描述一下你信任对方要做的是什么（见下面的例子）。

- 假如雇一个供应商：在12月之前根据合理标准建立一个客户管理系统。
- 假如给孩子一个新的职责：打扫卧室，每天整理床铺。
- 假如组建一个新的项目团队：在合并时合作拟定内部沟通策略。

3. 评估风险。描述每个可能结果的可见性和重要性。

4. 评估参与人员的信誉。他的品格和能力是什么样的水平？

实践 13

让别人感到向你说真话是安全的

你最近一次收到别人的反馈意见是什么时候?

如果已经太久没听到意见，以至于你都想不起来了，你或许要考虑实践13：让别人感到向你说真话是安全的。

当你无法让别人感到向你说真话是安全的时，结果可能是：

- 你无法意识自己不了解的情况，可能看不到自己对其他人的影响力，也失去改变这种影响力的机会。
- 你与他人之间的关系不太融洽，无法建立起深厚而值得信赖的关系。
- 你不仅发现皇帝没穿衣服，还可能发现那个皇帝就是你自己。

梅格是我的一位朋友，也是一家大型医疗设备制造工厂的人力资源总监。她最近和我分享了几个月前发生的一件棘手的事情。几个生产一线的人向她抱怨，说他们的总经理卡斯滕“过于按自己的风格行事，丝毫不听取他们的意见。事实上，许多工人来自其他国家，使用几种不同的语言，这让他们难以与卡斯滕沟通。此外，工厂车间的一位经理大约要管理一百多人。每次召开团队会议时，这些人都是闭着嘴巴坐着听，只有一位经理反复强调卡斯滕想要实现怎样的目标”。

“这样做对他有什么好处？”我开玩笑说。

她接着解释说，对卡斯滕来说，他的方法似乎完全合适。作为总工程师和总经理，他觉得该由自己决定所有的答案——由他这样的领导给予别人反馈，而非让他去听取他人的意见。梅格说：“我怀疑，他觉得听取意见可能会让自己显得软弱，而这也从侧面证实了他的信仰：真正的领导者不应该是脆弱的。”

“他就好像穿着一件T恤，上面写着‘我什么都知道，不用你来告诉我’，我多次尝试给他提改进建议，但每一次都被他忽视。”她叹了口气说。

“听起来，这对你来说像是一场艰难的挑战。”我同情地说道。

“但最糟糕的是，”她接着说，“这个工厂正在遭受严重的质量控制问题。平均每一百个管件套件密封件中有十个有缺陷，次品率迅速提高。工人们试图给卡斯滕反馈，为什么次品率这么高，但他不想听。”

“那么，你做了什么？”我问。

●●●

很多人都曾有这样感受：你对某人有重要的反馈，但害怕或犹豫要不要提出来，因为你知道这个人不会坦然接受。我怀疑有时候，你们自己可能也是卡斯滕这样的人，不愿意听取反馈，或者不愿意接受它，因为这会让自己显得脆弱。花一点时间，诚实地问自己：“我是否愿意让别人告诉我真相？”

人们都在忙着寻找改变他人的方法，却忘了问对方如何改变自己。我们总是忘了去寻找可以让我们变得更好的反馈。

为什么我们要抵制反馈？为什么我们一开始就没有勇气追求它呢？对于我们大多数人来说，让自己陷入接受所谓的批评的境况，无论如何都是不愉快的，最坏的情况是会令信心萎缩。因此，我们不给负面反馈出现的机会。我们都了解，自己给自己反馈是多么困难（比让胖子站到体重称上还难）。何况是要接受别人的反馈，那更是无法忍受的，甚至会击垮我们。作为人类，我们是脆弱的。也正是脆弱造就了人类。其他人的反馈——无论是否100%准确——都会把我们不愿面对的事实带出水面：我们每个人都是有不足的，都是有待改进的。

理解这个实践，我们可以从英文“feedback”（反馈）这个词的起源入手，看看反馈的目的究竟是什么。它由“feed”（喂养）和“back”（支持）两个单词组成。“feed”来源于古英语“fedan”，意思是“滋养、维持和培养”。而“back”有“支持”的意思，是今天“backed”（有后援）和“backing”（力挺）两个词的词根。如果我们看到反馈的好处，认为它可以支持我们变得更好，也许就不会感到它是一种威胁。我们甚至可能会想办法寻求反馈。当然，并不是所有的反馈都是为了支持、帮助我们，我们需要对反馈有所鉴别。最好的反馈方式，是为了促进我们成长。知道如何接受反馈，何时主动邀请反馈，何时礼貌听取但不采取任何行动，需要认真地审视自己。

自我意识，或者思考自己思想的能力，是我们人类最伟大的天赋之一。它允许我们检查自己的动机和行为，并判定它们是否与我们的人生目标相一致，如果不是，那么就需要自我纠正。但自我意识不仅仅是审视自己，同时也要认识到我们自己的看法是有盲点的，所以也要参考别人的看法。有时候，我们想要保护自己，不让别人告诉我们真相。我们抗拒、转移，甚至忽略来自别人的信息，只是为了让我们之间的关系显得更好。也许通过回避，我们可以不看自己的缺点和瑕疵，但没有了自知之明，我们也就失去了学习和成长的机会。

你还记得自己上次收到反馈是什么时候吗？你还记得自己上次向别人征求反馈意见是什么时候吗？那些把这个实践牢记在心的人，可能会对肯·布兰查德的名言产生共鸣：“反馈是冠军的早餐。”如果你意识到了，自己不能让别人放心讲真话，我来提供四种方法来让他们放心：

1. 相信别人是善意的。

几年前，我和我的朋友、同事乔治坐在一起，他站起来走到前面，准备向一大群员工做报告。当他站起来的时候，我发现他的裤子裂开了。（在这个例子中，“裂开”可能是一种轻描淡写的说法，因为这口子开得就像地球上的大峡谷一样。）乔治当时的情况是：他的裤子从腰带部位一直崩开到了内裤。最糟糕的是，他完全没有意识到这一点！我当时就跳了起来，站在他身后，挡住了观众的视线，“嘿，我有一个小建议，”我小声说，“你的裤子后面完全崩开了。”乔治一下子就惊呆了，我赶紧从椅子后面抓起我的运动衫，让他扎在腰间。幸运的是，当天是周五，可以着商业休闲装。

因为这个反馈是为了帮助乔治，让他免于陷入一个非常尴尬、窘迫的境地，所以他很容易相信我的意图是好的。如果一个人客观地说，“你的裤子被撕破了”或者“你的牙齿上有一块菠菜”，我们很难相信对方会有什么不良意图，尤其是当你认同对方的反馈时。然而，当反馈的内容更为主观时，例如“你在会议中发言太多，压制了他人”或者“你从来不会与其他团队成员分享功劳”，我们听了就会变得不那么开明，更有可能认为给出这些反馈的人是居心不良，意图险恶。

当反馈从客观的一端（你的牙齿上有菠菜）转移到主观的一端（你发言太多，压制了他人）的时候，我们更有可能把它理解为人身攻击。在上述例子中，乔治虽然感到一时尴尬，但他并没有感受到威胁。他没有把我的客观反馈当成是对他性格或身份的侮辱。但是，当反馈内容不是客观事实，或者与我们的自我感觉、经历不一致的时候，我们就容易责怪对方是别有用心，并选择忽视这条反馈，甚至完全撇开它。

虽然你不能保证每个人都是为你好，可是如果假设他们是为你着想，你就有更大可能愿意聆听，建立信任。当你假设别人的动机是良好的时候，你会选择相信他们正在尽其所能（大多数人都是），真诚地希望你成功。这意味着即使你被刺激到了，也不会立即跳起来反唇相讥，而是镇静下来，先听完对方的话。记住，那些鼓起勇气给你反馈的人，往往和你在听取他们反馈后的心理脆弱程度是一样的。他们那一刻冒着危害相互关系的危险。当你带着一颗开放的心倾听时，就向对方发出了一个信号：“你可以安全地分享真话。”

2. 请求反馈。

假设对方用心良好，可以让你更好地去评估他人的意见，你也会有更多的信心去寻求反馈。成功的企业和组织经常这样做。想想你曾收到过多少电子邮件或短信调查，或者在酒店住宿、购买产品或服务后，有多少次被请求给出反馈意见。几乎所有的大型机构都认为，它们的客户和员工希望它们能变得更好，因此它们会邀请一些客户和员工对满意度、参与度进行调查。想象一下，如果作为个体，我们也有自己的客户服务部门跟踪、调查我们每天与之打交道的人，你的团队成员/个人客服代表会提出这样的问题：

- 你如何评价你最近与托德的互动，请在1到10之间打分？
- 你打这个分数的主要原因是什么？
- 如果让托德做出一些改变来提高你的打分，他需要做什么？
- 你推荐其他人与托德交流的可能性有多大？

在克服了反馈带来的初步打击之后，想一下这种反馈有多大的帮助。如果我们选择主动请求反馈，其他人会更愿意提供反馈。但正是因为没有客服部门为我们工作，请求反馈的动力就得来自我们自身。

我们所有人都可以从这一项研究中获益，该研究发现，领导是否主动请求反馈与他们的整体领导效率（定义为实现个人和团队目标的能力）之间存在着强大的相关性。根据曾格·弗克曼的研究，以一百分为满分，寻求反馈排名垫底的10%领导，在总体领导效率方面平均只能打15分；而寻求反馈前10%的领导，在总体领导效率方面平均可以打86分。

我们对待反馈的态度，可以塑造反馈本身，也会影响他人给我们反馈的方式。阻止别人给你反馈的一种方法，是突然要求他们提意见。例如，一位副总裁在对全公司做了一个演讲之后，以极大的热情参加她的团队会议，自称感觉演讲表现非常好。团队中有人认为，她在演讲中忽略了一些关键点，而且演讲时间过长。她在感谢团队帮她设计演讲之后，转向一位团队成员，问道："你觉得演讲怎么样？"令人惊讶的是，对方回答道："很好，非常棒！"当副总裁突然抛出这个问题时，团队成员并没有准备好反馈，尤其是当着所有人的面。她意识到老板这时候除了赞美，对别的任何话都不感兴趣，你可以感觉到这时候满屋子都是尴尬。当会议结束时，副总裁坚信这次演讲是一个振奋人心的成功。

所以，哪里出问题了？有时在一个事件或任务刚发生的那一刻，就问"我们做得怎么样"并不是好的时机。提出反馈的人们不希望被放在聚光灯之下，而且对可能会伤害人感情的反馈也尤其敏感。此外，一个突然的请求，也并不是让他人告诉你真实意见的理想方法。

尤其是当你第一次请求反馈的时候，有一种更有效的方法是，事先告诉对方，你稍后会要求他提供反馈。有一种模糊的问法："我做得怎么样？"这会让人们很难做出有意义的回应。更有效的方法，是要求人们分享你可以改进的具体方面，还可以用具体的语言或行为来指导你。

另一种让别人不愿给出反馈的情况是，当他们给出反馈时，我们采取对抗性的态度。基普是我们公司的一位经理，曾有一次他生气了，发脾气骂了一位犯错误的供应商。另一位曾目睹过基普愤怒爆发的同事梅雷迪思向我走来，对我说："我不敢相信，代表我们公司的领导会这么做。"我把梅雷迪思的批评反馈给了基普。他问我该如何处理此事。我建议他写封邮件，向她道歉。而且因为我很了解基普（他在压力下倾向于自我保护），我同时建议他，不要在邮件中为他当时的爆发找任何借口——要承认自己当时的行为是不恰当的，并承诺不再犯类似错误。

值得赞扬的是，基普立即写了邮件。第一段很好：真诚、清晰、充满歉意。然而，在最后一段中，他开始解释他为什么要做那些事。他无视我给他的建议，开始为他的行为辩护。他的辩解既违背了他写信给梅雷迪思的初衷，也使我在未来给他提出反馈变得更加困难（不安全）。虽然我们每个人都需要选择，什么反馈值得关注，什么反馈可以忽略，但我们也必须认识到，拒绝反馈是有代价的。

反馈转向是另一个使反馈变得困难的原因。反馈转向是另一种辩护，通常会有这样的表达方式："我知道你在说什么，但我看到过你自己都无数次做过同样的事情。"研究这种现象的人，把这种反应称为"人身攻击"谬误。之所以如此命名，是因为它倾向于忽略一件事情（比如反馈）的优点，而去攻击另一个人的品格。如果你在别人给你反馈的时候，为自己辩解或者反馈转向，你就发出了一个信号，表明你根本就对反馈不感兴趣。

另一方面，如果你只愿意接受正面反馈（操控他人只说你想听的内容）的意见，那么你可能也没有让他人放心跟你讲真话。当别人发现你有这种需求时，他们要么回避提供反馈，要么不真诚，因为说真话的成本太高了。在任何情况下，通过防御或不断地寻求认可，并不能使你变得更好。

当你有勇气以开放的心态寻求反馈，并真诚地想要变得更好时，你才会真正发现自己。这正是戴娜所经历的，她是一名有天赋但经验不多的员工，她和我们一起开始了她的咨询工作。在她的经理和新客户面前做了磕磕巴巴、不那么精彩的第一次演讲之后，她专门请教她的经理和一位经验丰富的顾问。她问他们，是否愿意分享他们的最佳演讲做法和对她演讲技巧的建议。戴娜在桌子上打开她的记事本做笔记，开始说，“好吧，我知道我的第一次演讲很一般。我还有很长的路要走。但我的目标是和你们一样优秀，请告诉我应该如何改进，从哪里开始。”之后的每一次演讲，戴娜都会做相同的后续过程。她找到了那些据说在演讲台上表现最好的人，并邀请他们给自己反馈。一方面，她在演讲结束时，要求听众提意见；另一方面戴娜也经常与不同行业的专业人士进行诚挚的交流。那些接受邀请的人们能够确定：她重视他们的观点。征求了多年反馈意见后，戴娜成为我们团队中最重要的顾问之一。尽管如今在工作中表现很出色，但她仍然坚持让别人感到向她提供反馈是安全的，这样做会让她变得更好。

带着变得更好的愿望，真诚地渴望倾听，会传达出一个信息：别人对你说真话是安全的。以下是一些可以用于寻求反馈的话：

“我正在寻找在‘x’方面做得更好的方法。”你可以回答一下这三个问题吗？

- 我现在哪方面做得比较好？
- 是什么妨碍了我变得更好？
- 具体来说，我在哪些事情上需要做出改变？”

分享反馈并不总是容易的，所以当人们提供反馈的时候，我们要记得感谢他们，这很重要。当我们把自尊心暂时放在一边，放弃固执己见时，我们的自信心在增强，我们的能力也在增长。感谢它们发出的积极信号，我们欢迎反馈，并将继续期待反馈。我会毫不犹豫地给戴娜反馈，因为她一再沟通，她真诚希望自己能变得更好。

3. 评估反馈。

如果我们不让别人告诉我们真相，我们不仅不会进步，也不会在深化人际关系方面做得更好。这并不意味着我们需要对每一个反馈都采取行动。明确我们所代表的价值观是至关重要的（参见“实践4：扮演好你的角色”），要对自己想成为什么样的人有一个长远愿景，这样我们就可以把别人看到的“真相”与我们所感受到的、所知道的最真实的东西相比较。

史蒂芬·M. R. 柯维知道作为柯维博士的儿子，伴随而来的还有他人的殷切期望。虽然他处处效仿父亲的品格和职业道德，但在公众演讲这个方面，他并不想与父亲进行比较。因为公众演讲并不是他的天份，同时也一直是他的一个难题，所以史蒂芬一度把他的职业生涯转向了企业管理，远离了公众的视线。但在出版了自己的畅销书《信任的速度》之后，史蒂芬被安排参加图书签售活动，并面对众多读者发表讲话，有时还要与举世闻名的父亲一起参加活动。

在第一次活动中，作为一名新秀作家，他走上台发表了自认为艰难、吓人、平庸的一次演讲。他邀请了他的公关顾问和一个值得信赖的同事来参加下一个演讲。在第二次活动后，他们开了两个小时的会，他的同事给他提出了一连串需要下功夫的点：“一定要在开始强调第一点的时候提高你的音量”“注意你父亲如何停顿，让人们思考他说的话。你要多这样做”“与所有人进行眼神交流，而不只是与少数听众互动”“如果你用某某方式重新组织演讲的内容顺序，那就更好了”“在你结束演讲之前，语速稍微放慢一点”，等等。

在接下来的活动开始之前，史蒂芬至少有42条反馈需要落实。他尽全力做了他最好的演讲，但最终事与愿违。他说第三次演讲是他所做过的最糟糕的演讲。这不仅是因为要注意的方面过多，而且在反思之后，史蒂芬意识到许多建议并没有与他的自然风格产生共鸣。有些方法不利于他沟通自己的想法。另一些则过于模糊，无法实施。即使这些想法可能对其他人有帮助，但对他来说并非如此，或者与他想成为的人不一致。因此，他作出了一个战略决定：他再次回到那些反馈。但这一次，他选择了一些意见，这些意见可以真实呈现他自己，并且让他可以成为他想成为的人。他没有马上去执行全部的反馈意见，而是选择了几条意见，在下一次活动之前把全部注意力都集中在这几条意见上，然后反复练习。之后又添加几条，在下次演讲前继续练习。在接下来的几个月里，经过多次迭代，他发表演讲的能力显著提高。他对反馈持开放态度，但也能够辨别哪些可用和不可用。他能够将他人的反馈与自己的实际情况进行对比，并从长远出发，选择最适合自己的游戏方式。现在，史蒂芬已经成为我们公司最有才华、最受欢迎的公众演说家之一。

我们都有不安全感和自我怀疑的时刻，收到反馈有时甚至会动摇那些最有自信的人。对自己要有一点耐心，当你觉得自己想逃避或者想反击时，要温柔一些。记住，除了真诚地寻求和评估反馈，你还可以告诉人们该如何给你反馈。如果有人含糊其辞，比如“这个提案需要再加强一些”，那就问具体需要加强哪个细节。例如你可以这样说：

- “你可以指出提案中哪些环节不够好吗？”
- “哪些话听起来更有力度？”
- “你能和我分享一份你喜欢的提案样本吗？这样我就能明白你的意图了。”

有时反馈不是关于你个人的。意识到某些反馈——尤其是在愤怒、应激情况下进行反馈的人，并不是说“真相”的人，他只不过是把自己糟糕的一天，发泄在你身上了。没有人需要接受伪装成反馈的言语虐待。如果感到有人的反馈带着愤怒和苛刻，你可以建议他们多花一些时间思考（几个小时或几天），并在他们感觉不那么感情用事的时候再回来。

4. 采取行动。

如果你不打算采取行动，寻求反馈是没有任何好处的。虽然我们不需要落实每一个反馈，可是不针对反馈采取行动，或不解释为什么我们不采取行动——比一开始就不要反馈还要更糟糕。当你向别人征求意见时，他们可能会觉得跟你讲真话是安全的，但只有当他们看到你认真对待他们的反馈时，他们才可以确定跟你讲真话是安全的。你可以通过记录下反馈来帮助他们感到跟你讲真话是安全的，证明你在认真考虑他们分享的内容，并让他们知道你计划如何实现你所学到的东西。

要认识到，虽然反馈的作用可以是简单而直接的（比如穿一件运动衫来掩盖裤子的裂缝）。但通常情况下，对反馈采取行动需要时间。我们面临的最根深蒂固的问题，需要共同努力来解决。即使反馈内容让你一时产生挫败感，也要有礼貌地接受。而且要明白，任何有意义的改变都不是在一夜之间突然发生的。例如，在耐克最著名的商业广告中，篮球传奇人物迈克尔·乔丹讨论了失败的话题。在他的职业生涯中，他有

9000多次投篮没有命中，总共输掉了近300场比赛，至少26次决定比赛胜负的投球没有成功。让乔丹与众不同的是，他把失败看成是一种反馈。当他没能进入大学代表队的时候，他带着更强的渴望和专注回到了青年集训队。他的教练后来说，当他每天早上7点进健身房的时候，迈克尔已经在那里练习了。这种做法延续了整整一年的时间。无论胜负如何，乔丹都有自己的价值体系和职业道德。他通过自己的标准来衡量自己，并接受反馈作为学习和成长的机会。迈克尔·乔丹最终成为历史上最著名的球员，先后赢得了6次美国职业篮球联赛总冠军和5个最有价值球员的奖杯，参加了12场全明星赛，并获得了美国大学生篮球联赛的冠军和两枚奥运金牌。

毫无例外，我所合作过的最高效的人们，都在不断地走上自我完善的道路——让别人感到向他们说真话是安全的。我的朋友梅格需要向她公司的总经理卡斯滕传达的这件事，但是不知道他是否能理解寻求反馈的重要性……

●●●

"这就是问题所在。我什么也没做！"她回答说。

"失败率最终达到了极高的比率，以至于卡斯滕也知道，除非他解决了这个问题，否则就会失去工作。他尝试了自己知道的每一件事之后，依然不能解决问题，只好被迫开始倾听别人的想法。

"卡斯滕正在与一位同事共进午餐，他碰巧提到了来自越南的一名员工拉恩，他从被录用时开始，一直是团队会议的常客，而且在理解工厂的运作方面表现出了巨大的潜力。经理曾不止一次地告诉卡斯滕，拉恩很有才华。

“卡斯滕后来把拉恩叫到办公室，向他征求意见。在那次会议上，拉恩分享了他一直在思考的一个想法。这令卡斯滕印象深刻。他们一起想出了一个降低次品率的方法。在几个月之内，在拉恩和其他人的帮助下，次品率明显降低了。”

然后，梅格分享了她随后与卡斯滕的对话。卡斯滕向她透露，选择接受反馈对他产生了根本性的影响。用卡斯滕自己的话说就是：“我很惭愧地承认，我的倾听能力和接受意见的能力迟到了。我需要从工厂工人那里获得信息，他们在生产过程中更接近问题。”

梅格说：“虽然拉恩的想法帮助解决了眼前的质量问题，但这整个经历给卡斯滕敲响了警钟。他不仅要愿意寻求反馈，他还需要改变工厂的整个反馈系统，以帮助人们能够安全、舒适地带着他们的想法来参与管理。在那次经历后不久，卡斯滕在今后每个团队会议中都设置了专门提出反馈的时间，来鼓励每个人提出反馈。”

如何应用

让别人感到向你说真话是安全的

做以下练习，让别人感到给你提出反馈是安全的。

1. 找一个你在工作或家庭中扮演的重要角色。

2. 当你扮演这个角色时，选择至少一个受你影响的人。

3. 安排时间和他们在一起，让他们在见面之前准备好回答下列问题：

- 从你的角度来看，我们之间的关系哪部分运作良好？
- 哪部分运行得不那么好，或完全不行？

- 具体来说，我可以做些什么之前没做过的事，来改善我们之间的关系？

4. 当他们给你反馈的时候，把它写下来，只有当你有明确的问题时才说话。否则，就一直倾听，倾听，倾听。

5. 感谢他们在这一时刻的反馈，通过便笺或电子邮件再次感谢他们。（记住，给出反馈也需要勇气。）

6. 评估反馈意见，并选定你要采取哪些行动。

实践 14

让输入与输出相匹配

你是否发现自己无法持续获得或复制想要的结果?

如果确实如此的话，你或许要考虑实践14：让输入与输出相匹配。

当你没有让输入与输出相匹配时，结果可能是：

- 不管你多么努力工作，结果都是一样的，甚至变得更糟。
- 你开始怀疑自己。
- 你眼睁睁看着别人超过自己。

一次假期，我在一家美国服装零售店购物，我女儿亚历克斯正好在那里做临时出纳，我就顺便来打个招呼。她的工作不仅包括打电话和包装货物，还涉及发放宣传册、邀请顾客申请店内会员卡。我走过去，问她感觉工作如何。

“还行吧，我觉得。”她闷闷不乐地回答。作为几个孩子的父亲，我知道世界上没有“还行吧”这回事——要么是快乐，要么是痛苦，很少有居于两者之间的中间状态。

“怎么了？”我问道。

“没什么，真的。”她回答说。

“真的吗？”我问。她对我很了解，知道我从她明显的沮丧中看出了端倪。

“好啦。只是因为我的奖金取决于有多少人注册了店内的会员卡，可是并没有多少人注册。”我看着她把下一位顾客的总金额记入系统，并递上会员卡宣传小册子，同时这样说道，“如果您申请我们的会员卡，今天就可以省下10%的钱。”

“不用了，谢谢。”那人回答说。他付完钱，带着东西离开之后，亚历克斯转身对我说：“明白我的意思了吗？”

“也许每年这个时候，人们都很匆忙。”我安慰着说道，试图帮她缓解一下。我女儿摇了摇头，指了指另一位收银员。

“也许吧，只有蒂芙尼能招揽很多人注册。我们在休息的时候比较过，她的成果远超过我。我只是不明白，为什么我的客户都不想注册。”

●●●

如果你恰好读过有关输入和输出系统理论的教科书，你就会知道，输入就是你给一个系统注入的燃料，而输出则是你得到的结果。投入，处理，产出——像这样的三元系统，连我这个非理工科人士都能想明白。不过它也是一个非常有用的框架，可以用来分析我们为什么会得到这样的结果。为了辅助说明，我先来分享一个关于尿的故事（我打赌你肯定没想到世界还有这样的故事）。

有一年夏天，我们发现家里的草坪上有焦枯的迹象。后来发现是马克斯的问题（马克斯是一只狗）。我们买了一些特殊的绿色小药丸，用来中和马克斯体内的酸性物质，防止狗尿破坏我们的窗外美景。我们开始给马克斯用药，然后重新种了草。结果几天之后，我们又在草坪上发现了棕黄色的斑点，你想象一下当时我们有多沮丧。诚然，我们可以每隔几天就把枯草铲掉，换草，但这样做似乎有点荒谬。我也可以用人造草皮铺满整个草坪，但这又会带来一系列别的问题。束手无策的我伫立在窗前，注视着一块块的焦斑，最后感觉几乎整个草坪都是焦枯的颜色。我想让草坪回到原来美丽的绿色。我对这个情况越来越恼火，甚至开始怀疑是不是该换一只猫了。

在这件事情中，我一直在专注于输出结果。我们可以将输出称为滞后性指标，或者是我们判定某个事物是否成功的指标。在生活中，我们都经历过滞后性指标：浴室体重秤上的数字、年底的收入、期末的成绩单，等等。滞后性指标会在一个过程结束时出现——在它们现身的时候，我们已经无力回天了。我们可能会对这些结果感到沮丧，感到压抑，甚至因此生气，但滞后性指标根本不在乎这些。我确信草坪对我耗费的时间和精力都无动于衷。花费时间、精力来改变滞后性指标，就好像在比赛结束后拒绝离开球场，而是继续盯着记分牌，坚定自己的决心，一动不动地等着，希望出现奇迹般的变化——你的队伍被宣布为胜利者。

虽然在不顺利的时候，感到沮丧、总盯着滞后性指标是人的本性，不过最好还是把精力放在其他地方。以我为例，我不需要在被破坏的草坪上过多停留，我需要更多地关心输入，或者我们所说的引领性指标。引领性指标是我们采取的行动，这些行动会影响滞后性指标。例如，每天饮食少吃的甜甜圈数量，与客户面对面交流的时间和质量，或者晚上专心做作业而不是看电视的天数，都属于引领性指标。

虽然很多输入都可能有助于所需的输出，可是正确的输入能改变一切。以下是来自富兰克林柯维客户的一些例子，他们从所有输入中找到了正确的引领性指标，以实现想要实现的输出：

- 一家养生休闲会所发现，当顾客在按摩疗程中增加30分钟以上时，顾客回头率就会飙升。

正确输入：公司对90分钟时长的按摩给予折扣。

- 一家鞋店发现，推动顾客忠诚度的最大因素是，销售人员是否测量了顾客的脚长。

正确输入：培训店员提供测量顾客脚长的服务。

● 一家美国连锁酒店认为，如果顾客能在较短时间完成入住手续，他们可能会更满意。

正确输入：前台人员创建更快的入住流程。

我刚才分享了一些很简单的例子来介绍输入和输出。但同样的原理也适用于处理更大型、更复杂的系统性问题。例如20世纪90年代的纽约市，与当时的许多其他城市一样，因犯罪活动猖獗而深受其害。市中心的布赖恩特公园变成了露天毒品市场，大中央车站像是一个廉价旅馆，而在港务局的公共汽车终点站，乘客面临着“如何避开乞丐、醉汉、小偷和贫困吸毒者的严峻考验”。纽约地铁的照片最能反映那个时代的特点——肮脏、涂鸦、犯罪中心。

当时，纽约地铁每周会发生250次以上恶性犯罪，成了全世界最危险的公共交通系统。一些有洞察力的人指出，这座城市的问题可以回溯到几个主要的指标，比如涂鸦。他们认为，这种罪行虽然很轻微，但它的泛滥表明：政府解决不了更严重的罪行，事实上鼓励了更多的犯罪活动。正如当时的市长所言：“显然，谋杀和涂鸦是两种截然不同的罪行。但它们是同一个连续体的一部分，容忍一种氛围，便有更大可能容忍另一种。”于是，纽约警方积极查办轻微犯罪行为，并将其称为“破窗行动”。他们把精力集中在这个输入上，结果改变了一切：纽约的暴力犯罪下降了56%，财产犯罪下降了65%。

评论家们认为，这一戏剧性的结果与破窗行动几乎毫无关系，而且这一观点至今仍存在争议。但为了测试破窗行动的效果，有大学开始进行实验。在荷兰的一次测试中，一个装有5欧元的信封被明显地放在邮箱里，最终有13%的路人偷钱。当同一个邮箱涂满涂鸦时，拿钱的路人数量翻了一番，达到了27%！结果似乎证实了关注涂鸦和轻微犯罪的必要性。

我的同事黛布意识到，她需要改变小儿子迪伦的行为输入。这个小男孩每天早上都匆匆忙忙出家门，然后钻进她的车里去上学，他习惯了忘记穿鞋。每天早晨，当黛布忙着收拾上班时，她会问迪伦一声，是否收拾好了他当天所需要的一切。在走向汽车的路上，儿子认真地回答收拾好了。开车到学校后，她把车停靠路边，然后儿子却说他忘记穿鞋了。上班快要迟到了，黛布自然备感沮丧，她也会责备儿子怎么连穿鞋都忘，甚至在提醒之后还能忘。然后她不得不开车回家，让儿子穿上鞋，再把已经迟到的孩子送回学校，这时候她上班也迟到了。这种事情经常发生，黛布认为她需要想办法来解决这个问题。她想要的输出是培养一个负责任、自律、守时、有能力照顾好自己的孩子。我来分享一下她解决这个问题的方法，这五步流程我们都可以使用：

1. 描述你想要的输出。

2. 评估当前的现实。

3. 检查输入。

4. 选择你认为最有可能达成目标输出的“引领性指标”输入。

5. 分析结果。

黛布想要的输出是很明白的：在她开车送儿子上学之前，迪伦得穿上他的鞋子。目前的现实是，他只是偶尔记得这样做。她所输入的内容包括：鼓励迪伦记住穿鞋（基本没有用），如果他忘了就惩罚他（也没用），和回家穿鞋、上学迟到（迟到对一个7岁的孩子来说毫无意义）。黛布决定后退一步，重新评估她的输入。她想看看，让迪伦亲自体验忘记穿鞋的自然后果会怎样，也许这能激发改变。她决定不带他回家穿鞋，而是让他穿着袜子过一天。关键时刻到来时，迪伦说他又忘记穿鞋了，他妈妈没有调转车头，而是说："没关系，今天就这样上学吧。"

"什么？我不能那样！"男孩叫道。这一结果并不是迪伦所期望的。但他妈妈耐心地解释说，他可以在课间休息时待在室内，放学后她会来接他。最后，这个二年级学生一脸不高兴，只穿着袜子爬出了汽车，走进教室。黛布去上班，准时到达。

第二天早上，迪伦记得穿鞋了。这是一个好的开始，但黛布想知道这种情况能持续多久。第三天，迪伦也记得穿鞋了，之后的每天早晨也记得。事实上，这个男孩再也不会忘记穿鞋了！通过改变一种输入，黛布不仅帮助她儿子实现了她想要的那种独立，而且把自己从巨大的焦虑中拯救了出来。她发现了怎样使正确的输入与所需的输出相匹配。无论是帮孩子记住穿鞋，还是减少大城市的犯罪率，选择正确的输入都能推动我们想要的结果。

虽然有无数输入可以让个人与团队变得更好，但根据我的经验，本书中的15个实践已被证明是最根本、最高效率的做法。

现在，让我们回顾一下每个实践是如何作为输入，连接到一个重要的、有价值的输出的。下面的表格涵盖了每一个实践的输入和输出，只需要阅读其中几条，你就会发现正确输入所能带来的显著差异。

戴上正确的眼镜

旧输入	旧输出	新输入	新输出
托德把西德妮看作是一个需要保护和拯救的人。	西德妮得到了一次又一次的救助，从来没有学会失败，也没有找到自己的成功。	托德认为西德妮是一个能干、有能力的人，一个不需要被限定的人。	西德妮成长为一个独立自足、充满自信的成年人。

掌控自己的情绪

旧输入	旧输出	新输入	新输出
老师每天在学校抱怨世界存在各种问题。	学生学会责备他人或环境。	教师示范，在任何情况下，我们都可以选择怎样行动。	学生们学会对自己的选择负责。

行事为人让他人能够信任

旧输入	旧输出	新输入	新输出
玛丽是一个非常聪明的女人，但害羞、安静，因此从不在任何会议上发言，或者发表意见。	玛丽在她的事业上停滞不前，不被考虑晋升，因而不高兴。	玛丽请丽莎做自己的导师，指导她如何分享想法和主意。	玛丽获得了信心，她的想法和贡献得到了认可。她的一个想法为公司节省了很多经费。

扮演好你的角色

旧输入	旧输出	新输入	新输出
蕾切尔试图面面俱到，扮好每一个角色。	蕾切尔在个人和职业关系上都表现平平。	蕾切尔确定了她生活中最重要的角色，并重新安排了她在这些角色中花费时间的优先顺序。	蕾切尔与女儿们的关系非常好，同时成功地为她们提供了经济支持。

不要只见幼苗，不见大树

旧输入	旧输出	新输入	新输出
朗达只看到了她同事艾娃工作不力的行为。	朗达限制了艾娃的发展潜力，也限制了与她的关系。	朗达开始发现艾娃表现好的方面，并开始在她身上看到无限的潜力。	艾娃变得更有信心，开始在工作的其他方面取得成功。朗达和同事开始信任她。

避免弹球综合征

旧输入	旧输出	新输入	新输出
梅丽莎把紧急任务放在更重要的关系之前。	加勒特和其他团队成员觉得被忽视了，开始与她疏远。	梅丽莎更关注重要的人际关系，而不是紧急任务。	团队成员体验到更多的参与感，因此选择更高质量地工作，产生更有意义的、长期的结果。

考虑我们，而不是我

旧输入	旧输出	新输入	新输出
刘易斯持“独立”心态：自己赚的钱比他团队里的任何人都多，他认为这个就是“胜利”的涵义。	当其他人获胜时，刘易斯感到沮丧和嫉妒，产生了稀缺心态。	刘易斯持“互赖”心态：当每个人都能获得最大的成功时，他认为这就是“胜利”。当所有人都赢了的时候，他自己也赢了。	刘易斯总体上更加快乐，这在他的团队中营造了更团结积极的氛围。

评估你的情感储蓄账户

旧输入	旧输出	新输入	新输出
弗朗西斯对一个同事发脾气，在情感账户有了一次提款。他后来道歉，但继续为自己的行为找借口。	同事和她周围的人对弗朗西斯失去了尊重。	弗朗西斯专注于控制自己的情绪，并在他人的情感储蓄账户中存款，而不是透支。当他犯了错误时，他道歉且不找借口。	弗朗西斯慢慢地重建了对那些他伤害或冒犯过的人的信任。

审视你的真实动机

旧输入	旧输出	新输入	新输出
山姆认定自己的意图或动机是做一个领导者，投身于建立和指导团队，可是随后却由于其他优先事项，偏离了这个焦点。	团队成员感到自己被低估，不被认可或者不重要。	山姆反思了他的真实动机，与他最初良好的意图不一致，他重新承诺将团队的发展放在首位。	团队从山姆的行动中感受到他的新动机，以及他对自己的信任。

少说，多听

旧输入	旧输出	新输入	新输出
加里是一个有才华的销售人员，但由于他对自己的产品太过热情，所以他在面对他人的时候一直都是侃侃而谈。	加里的潜在客户选择了另一个愿意花时间来理解他们需求的供应商。	加里在提出任何建议之前，先仔细倾听，从而更好地理解客户需求。	客户把加里当成是一个合伙人，而不只是一个销售人员，并重视他富有洞察力的建议。

恰当使用你的优势

旧输入	旧输出	新输入	新输出
托马斯过度使用自己完美主义的优势，却错过了产品发布的最后期限。	当公司的承诺没有兑现时，合作伙伴和客户就会感到沮丧。	在必要的时候，托马斯需要调低他的完美主义优势，并运用其他优势，包括协作、信守承诺。	产品按时推出，合作伙伴和客户满意。托马斯被认为是组织里一个更强大的队员和功臣。

向他人传达信任

旧输入	旧输出	新输入	新输出
在大多数情况下，瑞克“会以怀疑开始”，因为他不信任别人，他总是要求过多的的案例、参照和验证。	瑞克的公司错过了许多期限，以及与他人建立伙伴关系的有益机会。	瑞克倾向于信任他人，当然是在通过分析或“智慧的信任”的前提下。	瑞克领导的项目和相关成果质量最高，完成准时，不超预算。

让别人感到向你说真话是安全的

旧输入	旧输出	新输入	新输出
卡斯滕拒绝倾听反馈。	产品的次品率过高。	卡斯滕主动征求拉恩的意见。	产品的次品率明显降低，并改善了公司整个反馈系统。

让输入与输出相匹配

旧输入	旧输出	新输入	新输出
迪伦的妈妈问他出门前是否穿好鞋了。	当他们到学校门口，让迪伦下车时，他会说忘记穿鞋了。	迪伦的妈妈决定让儿子体验顺其自然的后果，穿袜子上学一天。	迪伦已经学会每天早晨穿鞋。

从谦逊做起

（下一个实践，也是最后一个实践的预告）

旧输入	旧输出	新输入	新输出
有才能的人让自负和自尊驱使自己所有的行为，总是把一切都归功于自己，使自己成为众人关注的焦点。	人们在背后议论他，并迁就他孤傲的行事风格。机会从他身边溜走。	有才能的人会做出改变，真诚地向别人征求意见。他致力于认可他人的贡献，并停止寻求关注。	有才能的人体会到谦逊的价值，并意识到与他人合作和关注他人会带来真正的满足。令人兴奋的机会开始向他呈现。

每当我们体验到不满意的结果时，就有很大的可能是输入和输出不匹配。我怀疑我女儿和她努力让顾客注册商店的会员卡，就是这种情况。

●●●

亚历克斯的困境让我好奇，为什么两名收银员会得到如此不同的结果。这两个孩子都是普通的青年，都是第一次体验零售工作。

“她推荐的是同样的会员卡吗？”我问。亚历克斯点点头，看起来很困惑。

我走到蒂芙尼工作的地方。就像亚历克斯说的那样，蒂芙尼向顾客提供了同样的小册子，并邀请他们申请店内的会员卡来省钱。然后我注意到一个小小的输入（但它是非常重要的）不太一样；蒂芙尼没有邀请顾客节省“10%”，而是在自己脑子里做数学题。

“你今天想省下31美元吗？”她问道。客户停顿了一下，确切的金额似乎引起了他们的注意。

“是啊，为什么不呢？”客户回答。

我想知道，这能带来不同的效果吗？仅仅是把“10%”换成确切的钱数？

回到亚历克斯身边，我说：“我有个主意让你试一试。”我解释说，蒂芙尼没有使用10%的一般性介绍，而是在计算每个客户具体能省多少钱，并告诉客户。

“哦……这似乎有点道理。我想我也是会更希望听到我能具体省多少钱。”亚历克斯回答说。

我完成了自己的购物，在几分钟后回到了亚历克斯那里。她的心情明显变好了。她在结算时，俯下身子对我说，“这个法子有用，爸爸。从你离开这一会儿，我已经有两个客户签约了。”

这是一个微小而重要的输入。可能是因为太高兴了，最后我也申请了一张会员卡。

如何应用

让输入与输出相匹配

确定你想要改善的现状或关系。使用下面的模板和步骤来帮助你将正确的输入与你所希望的输出相匹配。

1. 描述你想要的结果或关系。如果你不知道你想去的地方，你就不能规划出到达目的地的路线。把它想象成一个全球定位系统——你使用的地址越精确，得到的规划路线越具体。

我希望我的团队成员精力充沛地投入我们正在进行的项目。

2. 描述你目前的现实。与全球定位系统的比喻保持一致，我们需要一个起点和一个终点来精确地绘制一条路线。花时间评估你当前的现实，也有助于你发现值得检查和可能改变的输入。

团队成员开会迟到，结束后着急离开，很少有人热情地自愿为项目的各个方面出力。

3. 仔细检查你当前的输入。什么东西能让你实现你期望的结果？因为输入并不总是直观的，考虑以下几个问题：

- 我所坚持的哪些思维定式可能会限制这个人或情况？
- 我所说了什么或者没有说什么可能导致当前情况？
- 和我一起工作和生活的人会如何描述我对他们的态度？
- 我在塑造什么具体的行为（或没有塑造）？
- 如果我是另一个人，我会喜欢我吗？

4. 尝试一种新的更有效的输入。看起来复杂的问题通常可以通过找到一个或两个输入来显著改善。

5. 分析结果。每个人都会失败，但如何看待失败，结果有着天壤之别。正如举世闻名的领导人和诺贝尔和平奖得主纳尔逊·曼德拉所说："我从来没有失败。我要么赢，要么从中学到东西。"当你在看待结果时，要客观、思虑周全，要知道，每一次尝试和错误都伴随着变得更好的机会。

旧输入	旧输入
新输入	新输出

实践 15

从谦逊做起

你是否曾经因为不够谦逊，阻碍了自己变得更好？如果有的话，你意识到了吗？

如果确实如此的话，你或许要考虑实践15：从谦逊做起。

如果你不够谦逊，结果可能是：

- 你的自尊心驱使你不断地寻找外界认可，却永远不知足。
- 你会成为别人私下聊天的谈资（并且鲜有好评）。
- 你会错过学习的机会，因为你很少倾听他人的想法。

现在已经到最后一个实践了，在此我要坦白一件事。我最初的想法，并不是想写这样一本书。几年前，我曾动过一个念头，想写一本关于领导力的书。这是一个振奋人心的想法，我个人对此抱有极大的热情。我甚至已经开始构思这本书的结构、叙事方式，以及其他基本要素。当我沉迷于梳理这些素材时，这本书的名字突然变得清晰起来。我急忙跑到电脑前，想要买下相应的网络域名，为之后的一切做好准备。这本书的主题就是谦逊，特别是那些最优秀的领导，看他们如何在日常工作生活中践行谦逊之道。我想写一写那些人，他们不仅成功做好了自己的角色，还启发和鼓舞了他人，让每一个与他们交流过的人都印象深刻。怀着所有这些想法，我继续搜索能够确切反映这本书主题的域名：以谦逊之道领导。当我敲完字，在网络上搜索完之后，显示的结果让我惊呆了。我盯着电脑，简直不敢相信——不仅已经有一本书叫作《谦逊之道》，而且这本书竟然是教皇方济各亲自写的！

我瘫坐在椅子上，思考着这个新情况。看来我需要作一个决定……

●●●

> “谦逊就像内衣；它必不可少，但如果把它摆出来，那就不体面了。”
>
> ——海伦·尼尔森，美国电视作家

花一点时间，想一个你所认识的最谦逊的人。他可能是你的家人或邻居，也可能是你现在或以前的同事，甚至是一个遥远的、你所敬仰的人。现在，在本书中前十四个实践的背景下想象那个人：

1. 戴上正确的眼镜：他们的世界观，是由外界力量主导，还是靠自己的内心指引？

2. 掌控自己的情绪：在生活的风暴中，他们是否还能找到平静？

3. 行事为人让他人能够信任：他们是否言出必行？

4. 扮演好你的角色：他们是否能平衡家庭、工作、生活？

5. 不要只见幼苗，不见大树：他们看待事情是否放眼长远？

6. 避免弹球综合征：他们是否擅长抵制做紧急事项的诱惑？

7. 考虑我们，而不是我：他们是否追求共赢？

8. 评估你的情感储蓄账户：他们是否愿意在他人身上投入？

9. 审视你的真实动机：他们做事的动机是改善他人的境况还是让他人的境况更糟糕？

10. 少说，多听：他们是否先去理解他人，再回话？

11. 恰当使用你的优势：他们是否找到了恰当的方式，来发挥自己的优势？

12. 向他人传达信任：他们是否能够慷慨、智慧地信任他人？

13. 让别人感到向你说真话是安全的：你觉得和他们在一起，是否可以放心地保持坦率透明？

14. 让输入与输出相匹配：他们的做法，是否能实现他们的目标？

每当我想起那些养成了谦逊心态并使之在自己生活中不可或缺的人时，上面的大多数问题（即使不是全部）就不难做出肯定回答了。在所有品质素养中，谦逊是最根本的。它就像调料中的盐，有了它，变得更好所需的每种品质才能发挥出最佳效果。英文中的“Humility”（谦逊）一词本身来自拉丁语“humilis”，后者的字面意思是“低”，但它并没有软弱、恐惧或胆怯的含义。在《谦逊》一书中，大卫·鲍勃博士写道，“在现实中，谦逊是力量，而不是软弱。谦逊能带来勇气，能将智慧指向正确的方向；它是节制的支柱，它使爱成为可能。”

谦逊的人有一种安全感，他们对自己的认可不是来自外界，而是来自其内在。谦逊意味着不那么关注自我，因为真实的自我更好，远胜看似很好，也不需要所有人回应，或赢得他人的认可。所以，那些谦逊的人们，可以在别人身上投入更多的精力。他们从感受自我（内在聚焦）出发，去寻找奉献和帮助他人的方法（外部聚焦）。谦逊是建立牢固的、有意义的人际关系的关键。

所以谦逊并不等于以下几条：

- 缺少自尊（认为自己不如别人）。
- 缺少勇气（不敢表达自己的想法）。
- 持续的自我贬低。

谦逊，是能让我说出“对不起，我错了”的东西；谦逊，是促使我思考的东西，让我思考：“我的同事今天怎么样？他们需要我帮忙吗？”

谦逊让我后退一步，确保每个人都能得到荣耀，而不仅仅是我自己。

谦逊激励我，把时间和资源投入到美好的理想。谦逊告诉我，不管多成功，我都不是一个人在战斗。谦逊点拨我，在别人说话的时候要全心倾听。谦逊提醒我，我已经唠叨了三十分钟，需要给别人留点时间了。谦逊让我为他人的成功感到高兴。谦逊使我保持探索欲望，孜孜不倦学习。因为谦逊，我对待前台接待员和首席执行官一视同仁。因为谦逊，我原谅那些误解我的人，即使他们并没有道歉，也没有请求原谅。谦逊告诉我，解决同一个问题，可以有很多正确方案。谦逊让我把爱心传递出去。谦逊让我对自己和自己所拥有的心存感激。谦逊鼓励我在需要的时候请求帮助。谦逊教会我少考虑自己，多想想他人。谦逊能让我放下受伤的感觉。谦逊给我以勇气，以相互尊重的方式诚恳对待同事。谦逊是一种智慧，可以准确评估我自己的优点和缺点。谦逊提醒我，要对自己和他人保持耐心，要知道我们都在不断变得更好。谦逊告诉我，尽管自己很重要，但我只是全局里的一部分。

> “你想跳起来吗？请先弯下腿。想要成为高耸入云的塔，就要先打下谦逊的地基。”
>
> ——圣·奥古斯汀

谦逊几乎能影响你人格的每一个方面。这听起来有点夸大其词？比如说自我控制，这似乎与谦逊无关。谦逊能增强意志力吗？研究人员专门实施了一项研究，来回答这个问题。他们让一组志愿者谈论一件让自己感受到谦逊的事。讲完故事之后，研究人员请他们在隔壁房间里等候。这是一个普通的等候室，有沙发、椅子和咖啡桌。每张桌子上都有一大盘糖果。这时，参与者认为他们是在等待下一部分研究；但事实上，等候室就是研究的下一部分。研究人员观察记录了他们在等候室里的群体行为，随后就让他们离开了。

然后，他们又找了第二组志愿者，让他们讲述自己一天的日常生活。讲完之后，也请他们在隔壁房间里等候，也同样提供糖果。观察结果是：第一组志愿者更显谦逊，吃的糖果更少！第二组只有12%的人没有吃糖果，而第一组的“谦逊”群体则有多达40%的人没有吃糖果。

在重复实验多次之后，研究人员得出了一个惊人的结论：在谦卑的心态下，人们能够更好地自我控制。这些研究人员还发现，谦逊能带来更好的毅力，增强克服困难的韧性。如果这还不够的话，其他研究人员还发现，在遭遇失败的时候，谦逊有助于保持自尊，还能提高建立更紧密社会联系的能力。

正如你所看到的，谦逊远非软弱。它让我们抛开傲慢、自负和自私，并把其他几乎所有重要美德提升到新的高度。

在工作场合保持谦逊

在谈论工作时，我们很少使用谦逊这个词。人们似乎害怕谈论它，好像它是获得关注、提升和成功的敌人。一项研究却有着不同的说法。东肯塔基大学哲学教授迈克·奥斯汀说，谦逊的人“更少自闭，他们有更多勇气去尝试新事物。这让他们敢于冒风险……他们不会因为害怕失败而踌躇不前，因为那不是他们最关心的问题”。不敢失败，创新就停滞不前。达顿商学院商业管理教授爱德华·D. 赫斯表示：“失败是创新过程中不可或缺的一部分，因为失败会带来学习、迭代、调整，并建立新的概念和模型……几乎所有的创新都是在失败中学习的结果。”谦逊，是愿意为了追求崇高目标而失败。为什么谦逊会以这种方式表达？奥斯汀博士接着说："谦逊的人在做出选择的时候，习惯于反思自己的价值……他们更关心什么是正确的，而不是固执己见。"谦逊让我们脱离自负，抑制想要处处表现自己的冲动，并采取更长远的眼光。

我曾认识一些领导力惊人的人，并有幸与他们共事，其中包括一个人，我叫她佩奇，是谦逊的典范。她往往有很好的解决方案，但她既不抢风头，也不着急为之争辩，总是先倾听每个人的意见，然后再提出自己的想法。而且，她从来不说提出来的解决方案是自己的想法。实际上，她是在把赞美转移给别人。在一次会议上，一位同事对她说："把你上周提到的那个伟大想法告诉我们。"

"其实，该让兰迪告诉你，"她回答说，"她才是提出这个想法的人。"

当其他人在一天结束下班的时候，她注意的是那些继续为项目加班的人。我不止一次看到佩奇放下公文包，打电话给家人说："喂，我今晚要晚一点回来。"她会卷起袖子来帮忙，但她也绝对不是好惹的人。

和所有的经理一样，佩奇需要处理下属的绩效问题。在与她的一次会谈中，一位同事假装是受害者。他花了15分钟的时间抱怨他每天的加班时间，他做出的个人牺牲，以及他的努力是多么不被认可。随着抱怨继续，他变得越来越激愤。

对此，佩奇回答说："我希望你明白，我很欣赏你的才华和贡献。坦白地说，我正在努力理解你的观点和你所说的话。我不是有好几次在公共场合当众表扬你吗？我们每次点名说你是公司里贡献最多的人之一，你也都在场。所以请告诉我，你刚才说你不被认可是什么意思？"这段话是勇气和智慧的完美平衡，是那次会谈的转折点。

这位谦逊、能干的领导者在她的职业生涯中不断进步，获得了越来越多的影响力。具有讽刺意味的是，她反而是最不潜心琢磨晋升的人。相反，我也曾见过一些人，非常想要扩大自己的影响力和控制力，结果却被自己的傲慢绊倒，阻碍了自己的成长进步。

不能有谦逊的心态是有代价的。在以前的公司里，我曾和一个很有才华的人共事，他一直无缘自己想参与的团队工作、项目和客户机会，原因很简单，因为他太自负了。他的口头禅就是我我我，“这是我做的……”“我是第一个达成交易的”“这个项目实际上是我发起的”，等等。有一次，当有人因为创新贡献被表扬时，他对一个同事说，“某某人说得好像这是她的想法一样，可这实际上是我的主意。”

你可能也曾和这样的人共事过——有个笑话说的就是这种人：“嗯，我已经谈得够多了，接下来聊聊你吧。你觉得我怎么样？”当一个人的自我变得太过自大，或者不受谦逊的约束时，代价可能是巨大的。在吉姆·柯林斯的《从优秀到卓越》一书中，作者发现，“我们对比了2/3以上的一般公司和好公司，发现了强烈的个人英雄主义，导致公司的消亡或平庸。”在我看来，这些表现不佳的公司已经有了受损、紧张甚至破裂的人际关系，这一点毫无疑问。当一个领导人放弃谦逊时，代价将是一系列的。有趣的是，柯林斯在书中继续说，他经常在那些化优秀为卓越的领导身上发现两种特征，一种是强烈的专业精神，另一种就是谦逊。

几年前，我在顶级销售领导身上看到了一个谦逊的典范，因为惊人的业绩，他得到了一笔巨额奖金。他打电话对我说，他很珍惜这个奖项，但他想看看，能否以工资的形式把这些钱平均分配给五个团队成员，而不是自己一个人拿。他说：“如果不是这五个人，我永远也无法冲击这么高的销售业绩。”接下来，他一一列举了团队中的成员，详细说明每一个人在销售过程中的独特贡献。我回答说，我非常钦佩他这种大公无私的行为，但是，由于成文的薪酬计划和法律准则，我们无法把他赚的钱重新分配给其他团队成员。不过，他可以在他收到奖金之后，以个人礼物的名义给团队成员发钱。

“不过要知道，在你把钱分出去之前，你还要对这笔收入纳税。”我提醒他。但他没有丝毫犹豫。

“太好了，就这么办！”

请不要误会我的意思，谦逊并不是说要放弃你的钱。（如果这样的话，拉斯维加斯可能是地球上最谦逊的城市。）这种关注他人的态度，会产生重大影响。我猜测，他领导销售团队如此成功的一个主要原因，就是他如此谦逊地对待他的团队成员。正如我之前所说的，一个组织最大的竞争优势不仅仅在于其员工本身，更在于他们之间的相互关系。

作为本书的最后一章，本章标题之所以是“从谦逊做起”，是因为塑造、培养、留意谦逊的品质，对前面所说的每一个实践都是有益的。从谦逊做起是很关键，定期重拾和校准你的谦逊同样重要。它应该伴随每一个实践、每一个思维定式，以及每一个思考内省的时刻，从而让我们变得更好。

请阅读下面的说明和问题。思考前14个实践，留意谦逊是如何影响每一个实践的，并确定在未来几天或几周内的某个最佳时间开始练习。

在接下来的14个星期里，选择一个实践来应用。在你采取任何行动之前，都要以第15个实践“从谦逊做起”为基础。

1. 确定需要关注的个人或职场人际关系。

2. 从（下文）14个被证实的实践中选择一个，应用于这份关系。

3. 在周一写下你在这份关系中遇到的挑战或机会，尽可能写具体。

4. 想想如何将所选的实践应用到这份关系中，然后在这一周里，每次与对方互动的时候都要仔细留意。（你是怎么想的，怎么说的，怎么做的？你感觉如何？产生了什么影响？）

5. 在这周结束的时候，写一下你应用该实践的经历。（你学到了什么？哪里做得不足？你下周会怎样做得更好？）

6. 在接下来的一周开始新的实践（选择一段新的关系，或者还是原来那份关系）。

实践	关系
戴上正确的眼镜	你是否有什么思维定式导致这份关系出现了问题？你要怎样改进这份关系，更清楚地了解对方？
掌控自己的情绪	在这份关系中，你为什么会有受害者的感受？你有其他选择吗？
行事为人让他人能够信任	从他人的角度来看，你需要在哪些方面言出必行？在他人眼中，你需要改变哪些行为，才能被认为是可信的？
扮演好你的角色	在这份关系中，你在哪里失去了平衡？你想在这份关系中做出什么贡献？
不要只见幼苗，不见大树	在这份关系中，你有没有花时间去发现对方的优点是什么，而不是只盯着对方的不足？对方的真正潜力是什么，你如何与他沟通他的潜力？
避免弹球综合征	为了解决这份关系中的重要事情，这周你有什么紧急事务可以推迟处理？
考虑我们，而不是我	在这份关系中你是否只专注自己的胜利？你将会如何留心大家的共赢？

实践	关系
评估你的情感储蓄账户	这个人会如何评价你在他的情感账户中的信任程度？你怎样才能增加他对你的信任？
审视你的真实动机	这个人知道你的真实意图吗？你告诉过他吗？
少说，多听	你是否花时间去了解对方在关键问题上的观点？你愿意被他影响吗？
恰当使用你的优势	在这份关系中，你是怎样把自己的优势表现得过高？在需要的时候，你将如何做出评估和调整？
向他人传达信任	你信任对方吗？你会以怎样的方式向他表达更多的信任呢？
让别人感到向你说真话是安全的	你是否问过对方，他对你在这份关系中的表现感觉如何？你打算什么时候问？
让输入与输出相匹配	你是否考虑过，哪些输入导致了这份关系中不理想的结果？你愿意改变它们吗？

当事情变得困难时，我们总是倾向于逃避——起身离开，换一个空间。其表现方式可能是跳槽、退出某个组织，甚至是离婚。这些没完没了的“退出战略”意味着我们认为外部力量（他人和环境）是问题的根源，并把逃避它们当作解决问题的手段。然而，我们都有能力把注意力从外界（空间及其中的人）转移到内在。这种内在的专注和自我反省，始于谦逊。这才是我们开始变得更好、强化每一份关系的正确方式。

当我第一次看到教皇那本书的书名时，我觉得自己迟到了，应该放弃，结束这个念头！不过我很欣慰，我没有屈服于这种不安全感。事实证明，恐惧是谦逊的敌人。把谦逊融入到自己的内心，我们就会发现更坚定的信念，去做更多事，去帮助更多人。

富兰克林柯维中国数字化解决方案：

「柯维+」（Coveyplus）是富兰克林柯维中国公司从2020年开始投资开发的数字化内容和学习管理平台，面向企业客户，以音频、视频和文字的形式传播富兰克林柯维独家版权的原创精品内容，覆盖富兰克林柯维公司全系列产品内容。

「柯维+」数字化内容的交付轻盈便捷，让客户能够用有限的预算将知识普及到最大的范围，是一种借助数字技术创造的高性价比交付方式。

如果您有兴趣评估「柯维+」的适用性，请添加微信coveyplus，联系柯维数字化学习团队的专员以获得体验账号。

富兰克林柯维公司在中国提供的解决方案包括：

I. 领导力发展：

高效能人士的七个习惯®（标准版） The 7 Habits of Highly Effective People®	THE 7 HABITS of Highly Effective People® SIGNATURE EDITION 4.0	提高个体的生产力及影响力，培养更加高效且有责任感的成年人。
高效能人士的七个习惯®（基础版） The 7 Habits of Highly Effective People® Foundations	THE 7 HABITS of Highly Effective People® FOUNDATIONS	提高整体员工效能及个人成长以走向更加成熟和高绩效表现。
高效能经理的七个习惯® The 7 Habits® for Manager	THE 7 HABITS FOR Managers ESSENTIAL SKILLS AND TOOLS FOR LEADING TEAMS	领导团队与他人一起实现可持续成果的基本技能和工具。
领导者实践七个习惯® The 7 Habits® Leader Implementation	THE 7 HABITS Leader Implementation COACHING YOUR TEAM TO HIGHER PERFORMANCE	基于七个习惯的理论工具辅导团队成员实现高绩效表现。
卓越领导4大天职™ The 4 Essential Roles of Leadership™	The 4 Essential Roles of LEADERSHIP™	卓越的领导者有意识地领导自己和团队与这些角色保持一致。
领导团队6关键™ The 6 Critical Practices for Leading a Team™	THE 6 CRIRICAL PRACTICES FOR LEADING A TEAM™	提供有效领导他人的关键角色所需的思维方式、技能和工具。
乘法领导者® Multipliers®	MULTIPLIERS® HOW THE BEST LEADERS IGNITE EVERYONE'S INTELLIGENCE	卓越的领导者需要激发每一个人的智慧以取得优秀的绩效结果。
无意识偏见™ Unconscious Bias™	UNCONSCIOUS BIAS™	帮助领导者和团队成员解决无意识偏见从而提高组织的绩效。
找到原因™：成功创新的关键 Find Out Why™: The Key to Successful Innovation	Find Out WHY™ THE KEY TO SUCCESSFUL INNOVATION	深入了解客户所期望的体验，利用这些知识来推动成功的创新。
变革管理™ Change Management™	CHANGE How to Turn Uncertainty Into Opportunity™	学习可预测的变化模式并驾驭它以便有意识地确定如何前进。

培养商业敏感度™ Building Business Acumen™		提升员工专业化，看到组织运作方式和他们如何影响最终盈利。

II. 战略共识落地：

高效执行四原则® The 4 Disciplines of Execution®		为组织和领导者提供创建高绩效文化及战略目标落地的系统。

III. 个人效能精进：

激发个人效能的五个选择® The 5 Choices to Extraordinary Productivity®		将原则与神经科学相结合，更好地管理决策力、专注力和精力。
项目管理精华™ Project Management Essentials for the Unofficial Project Manager™		项目管理协会与富兰克林柯维联合研发以成功完成每类项目。
高级商务演示® Presentation Advantage®		学习科学演讲技能以便在知识时代更好地影响和说服他人。
高级商务写作® Writing Advantage®		专业技能提高生产力，促进解决问题，减少沟通失败，建立信誉。
高级商务会议® Meeting Advantage®		高效会议促使参与者投入、负责并有助于提高人际技能和产能。

IV. 信任：

信任的速度™（经理版） Leading at the Speed of Trust™		引领团队充满活力和参与度，更有效地协作以取得可持续成果。
信任的速度®(基础版) Speed of Trust®: Foundations		建立信任是一项可学习的技能以提升沟通，创造力和参与度。

V. 顾问式销售：

帮助客户成功® Helping Clients Succeed®		运用世界顶级的思维方式和技能来完成更多的有效销售。

VI. 客户忠诚度：

引领客户忠诚度™ Leading Customer Loyalty™		学习如何自下而上地引领员工和客户成为组织的衷心推动者。